## Autorenvorstellung

**Detlef Baer** (*1952) ist Studiendirektor für Geschichte und Sozialwissenschaften mit dem Schwerpunkt Wirtschaft am städtischen Einhard-Gymnasium in Aachen.

We do not like to be economic realists


*Carl Sauer*

Detlef Baer

# Wohlfahrtsmerkantilismus

*Bewusste Industriepolitik für die Sicherung und den Ausbau des Sozialstaats durch die Errichtung eines deutschen Staatsfonds*

# Inhaltsverzeichnis

# I.   Der wirtschaftliche „Erfolg" verschiebt sich nach Asien

Der 14.Dezember 2012 erschütterte die Kleinstadt Newtown und mit ihr das ganze Land. Adam Lanza tötete morgens seine Mutter in ihrem Haus in Connecticut, USA, fuhr dann in die Sandy-Hook Schule in Newtown und tötete dort zwanzig Kinder sowie sechs Angestellte. Umstellt von Sicherheitsbeamten erschoss sich der Attentäter schließlich selbst. Mutter Nancy Lanza war eine Waffennärrin, wie viele US-Bürger, die das Recht auf Waffenbesitz als hohes Freiheitsgut betrachten. Von ihr hatte der Attentäter die Tatwaffen. Das Attentat ließ das Land erstarren, Präsident Obama sprach vom „worst day of my presidency"[1] .In einem Interview mit NBC sagte Obama „something fundamental in America has to change."[2] In den USA begann eine Debatte über Sinn und Unsinn, Ausmaß und Einschränkung des Waffenbesitzes, über Regeln und Auflagen, aber auch generell über gesellschaftliche Gewalt. Fast gleichzeitig, ebenfalls am 14. Dezember 2012, passierte ein ähnliches Massaker in China. In einer Dorfschule in der chinesischen Provinz Henan stürmte ein mit einem Messer bewaffneter Mann in die Klassenzimmer und verletzte 23 Schüler zwischen sechs und zwölf Jahren teilweise schwer. Während die chinesischen Medien ausführlich über die Ereignisse in Newtown berichteten, verschwiegen sie das Ereignis im eigenen Lande. Die zunächst im Internet auf der Lokalbehörde erschienene Meldung wurde gelöscht, auch die Presse-

---

[1] Siehe: http://www.huffingtonpost.com/2012/12/30/barack-obama-newtown-shooting_n_2384525.html (07.04.2013)

[2] ebenda

konferenz für den folgenden Samstag wurde abgesagt.[3] „Während sich in Amerika der Präsident äußerte und im ganzen Land die Flaggen auf halbmast wehten, hätten sich die lokalen Behörden in Henan kalt und gefühllos verhalten. Das jedenfalls berichteten Reporter der offiziellen Nachrichtenagentur Xinhua vom Tatort. Kein Funktionär erschien demnach bei den Eltern der Opfer, weder mit Zuspruch noch mit einer Hilfszusage."[4]

Zwei zeitgleiche Ereignisse in zwei unterschiedlichen Ländern geben uns Auskunft über die innere Verfassung der Gesellschaft und des Staatswesens. Einmal die offene USA, mitfühlend, zerstritten, aber dialogbereit, die Medien präsent bis zur Zurschaustellung, aber selbstreflektierend und in sich kehrend, eine Gesellschaft, die sich für Veränderungen offen zeigt. Dagegen steht die Volksrepublik China, sich abschirmend, zentral zensierend, nur offizielle Empathie zulassend, die Bedürfnisse der Bevölkerung ignorierend, starr und diktatorisch handelnd.

Blättern wir von den Gesellschafts- auf die Wirtschaftsnachrichten um. Hier zeigt sich ein ganz anderes Bild. Begriffe wie „The China Threat"[5] oder „Why do we fear a rising China?"[6] titulieren dort die Schlagzeilen. Wie kann es sein, dass eine offe-

---

[3] Siehe dazu : http://www.faz.net/aktuell/politik/ausland/china-debatte-ueber-amoklauf-in-henan-11996766.html (7.04.2013)

[4] ebenda

[5] http://www.thedailybeast.com/newsweek/2011/01/18/the-china-threat.html (07.04.2013)

[6] http://business.time.com/2011/06/07/why-do-we-fear-a-rising-china/(07.04.2013)

ne demokratische Gesellschaft wie die USA eine diktatorische Gesellschaft wie China, die ohne Achtung für die Bürger des Landes agiert und deren elementare Gefühle ignoriert, fürchtet? Die Antwort kennt einen Namen: Wirtschaftswachstum, oder genauer: die Angst im Wachstumswettbewerb überholt zu werden.

Vielleicht gleichen sich beide Gesellschaften in der Fetischisierung materiellen Konsums sogar, möglicher Weise auch in der Akzeptanz einer Ellenbogengesellschaft. Die amerikanische Gesellschaft schaffte es aber gleichzeitig, Korrekturen falsch eingeschlagener Pfade vorzunehmen, sei es in der Behandlung von Minderheiten oder in der Aufarbeitung von Konflikten. Die chinesische Doktrin kennt nur das Ziel möglichst schnell zu Reichtum zu gelangen. In den Worten des maßgeblichen chinesischen Wirtschaftsreformers Deng Xiaoping's (1979-97): „Es ist egal ob eine Katze schwarz oder weiß ist, solange sie die Mäuse fängt."[7] Vor der KP Chinas erklärte er in den 80er Jahren unverblümt die Umkehr der kommunistischen Mao-Doktrin mit den Worten „reich werden ist ruhmvoll.". Nicht der Aufbau einer Zivilgesellschaft, nicht soziale Reformen, keine Hinterfragung bestehender Machtstrukturen - nur materieller Reichtum einer aufstrebenden Mitte l-/Oberschicht gilt als erstrebenswertes Ziel. Was gelten immaterielle Werte wie Pressefreiheit, freier Internetzugang, Minderheitenschutz, Schutz des geistigen Eigentums oder auch Empathie für Gewalthandlungen gegen Gesellschaftsmitglieder? Was zählt sind Wachstumszahlen, genauer Wirtschaftswachstum, gemessen im Bruttoinlandsprodukt, also

---

[7] Zitat Deng Xiaopings aus seiner Heimatprovinz Sichuan, das der chinesische Politiker öfters, auch auf Auslandsreisen, benutzte

der Menge aller Güter und Dienstleistungen, die in einem Jahr hergestellt bzw. verrichtet worden sind. Der Wert der Gesellschaft und des Staates reduziert sich auf eine Ansammlung von Waren und Dienstleistungen!

Warum die Angst Amerikas vor China? Es gibt mehrere Gründe, aber keinen stichhaltigen! Da wäre zunächst die Furcht vor Abhängigkeit, einem verringerten Einfluss auf die Weltmärkte, geringerer Wettbewerbsfähigkeit, also vorwiegend finanzpolitische und wirtschaftliche Sichtweisen. Zweitens steht der Verlust geopolitischer Macht zur Disposition. Der US-Einfluss droht mit der abnehmenden wirtschaftlichen Bedeutung in der Welt zugunsten chinesischen Einflusses zu sinken. Drittens der Verlust von Prestige, Kratzer am Sendungsbewusstsein der Erfolgsstory des American way of life. Hinter diesen Befürchtungen steckt die Idee eines statischen Geschichtsbegriffes, die Vorstellung unveränderbarer Machtverhältnisse und vor allem der Mangel an Selbstvertrauen, bestehende Strukturen in krisenhafter Zeitenwende produktiv zu hinterfragen.

Und Europa? In seiner Regierungserklärung vom 25.09.2008 erklärte der damalige deutsche  Finanzminister P. Steinbrück unmittelbar nach der Lehmann-Pleite im deutschen Bundestag: „Niemand sollte sich täuschen: Die Welt wird nicht wieder so werden wie vor dieser Krise. ... Die USA werden ihren Status als Supermacht des Weltfinanzsystems verlieren, nicht abrupt, nicht plötzlich, aber erodierend. Das Weltfinanzsystem wird multipolarer."[8]

---

[8] http://www.bundesregierung.de/Content/DE/Bulletin/2008/09/97-1-bmf-bt-regerkl.html (22.08.2015)

Weniger dezent hätte er auch ausdrücken können: „die zukünftige Wirtschaftsentwicklung wird in Asien geprägt." Solche Vorstellungen sollten jedoch nicht leichtfertig verkündet werden, denn eine Präferenz für eine Verlagerung der Wirtschaftspotentiale von den USA/Europa nach Asien beinhaltet eine Gratifikation für  eine Wirtschafts- und Gesellschaftsform, die unserem Wertesystem ablehnend gegenübersteht. Karl Georg Zinn formuliert den Begriff „Sinokapitalismus"[9], stellvertretend für die Grundhaltung dieses Wirtschaftssystems zitiert er den singapurischen Diplomat und Autor Kishore Mahbubani: „I am convinced now as I was then that the aggressive Western promotion of democracy, human rights and freedom of the press to the Third world at the end of the Cold War was, and is, a colossal mistake. This campaign is unlikely to benefit the 4.3 billion people who live outside the developed world, and perhaps not even the 700 million people who live inside it."[10] Auf dem Davoser Wirtschaftstreffen 2011 diskutierten Experten über den vagen Begriff des Beijing Consensus (in Abtrennung des neoliberalen Washington Consensus). Kurz zusammengefasst wurden folgende vier Schwerpunkte chinesischer Wirtschaftspolitik[11] erfasst:

a) Policy kit = staatliche Eingriffsmöglichkeiten

b) Corporate allegiance = betriebliche Gefolgschaft

---

[9] Siehe: Karl Georg Zinn, Die Keynessche Alternative,Hamburg 2008, S.119
[10] Ebenda S.121
[11] Siehe dazu : http://dealbook.nytimes.com/2011/01/28/what-is-the-beijing-consensus/?_r=0 (22.08.2015)

c) Resources       = Ressourcenkontrolle

d) Long-term-     = langfristige Planung
    planning

Muss eine Verschiebung von Wirtschaftserfolg einhergehen mit der Einschränkung von Demokratie, Meinungsfreiheit, auch der Aufgabe von Planungsfreiheit von Wirtschaftssubjekten? Muss der „Westen" mit seinen Werten sinokapitalistischer Konkurrenz unterliegen? Gibt es keine erfolgversprechende Modifikation des westlichen Wirtschaftssystems, welche Wohlfahrtsgewinn und demokratischen Wertekonsens gewährleistet?

Diesen Fragestellungen versucht das vorliegende Buch aus mehreren Perspektiven anzugehen. Der Vergleich des Verhaltens der chinesischen Öffentlichkeit mit der amerikanischen angesichts der tragischen Attentate soll einleitend die unterschiedliche Substanz der jeweiligen Gesellschaften verdeutlichen, aus welcher notwendige Anpassungsprozesse ermöglicht und in die richtigen Bahnen gelenkt werden können. Freie und soziale Gesellschaften werden für diesen Weg die besseren Voraussetzungen besitzen. Dieser Weg wird – eine Quintessenz des Buches vorwegnehmend- ein marktwirtschaftlicher sein, zugleich ein Werte beachtender Pfad, der äußeres Wachstum nur unter inneren Bedingungen zulässt und den fremd klingenden Begriff des „inneren Wachstums" einführt. Dabei werden wir uns nicht gängigen Wirtschaftstheorien und wirtschaftspolitischen Schlussfolgerungen sklavisch anschließen, sondern Schlussfolgerungen aus einer nüchternen Bestandsaufnahme vornehmen. Zu dieser Analyse gehört aber auch das Lernen von anderen Wegen und Methoden zur Erlangung wirtschaftlichen Wohlstands. Auch hier gilt die Beachtung spezifischer Gegebenheiten, aber auch das Herausarbeiten des Vorbildhaften. Erfolgreich agieren im Sinne einer Wohlfahrtsökonomie bedeutet die Zunahme staatlichen Einflusses, allerdings nach Vorgaben außerstaatlich ermittelter Wohlfahrtskriterien. Dies steht nicht im Widerspruch zur Lehre der Sozialen Markwirtschaftstheorie, wohl zu gängigen Erfahrungswerten in der Praxis. Der Staat ist nicht der bessere Unternehmer und er kennt nicht die atomistischen Marktvorgänge, aber er kann und soll als ein demokratisches Ordnungsinstrument fungieren, und er kann Anreize setzen für erwünschte Tendenzen.

Neue Ideen erfordern neue Begrifflichkeiten. Der marktwirtschaftliche Gedanke entwickelte sich aus der Kritik an dem Merkantilismus am Ende des 18. Jahrhunderts. Die Entwicklung der Industriellen Revolution sowie der erhöhte Warenaustausch durch den Freihandel ergaben trotz Pauperismus und Wirtschaftskrisen langfristig eine Wohlfahrtssteigerung mit dem nicht unwesentlichen Effekt der weltpolitischen Dominanz marktwirtschaftlich orientierter Staaten im 19./20.Jahrhundert. Der Zusammenbruch der Zentralverwaltungswirtschaft der UdSSR und der gewollte Wandel in China führten zu einer „neuen Unübersichtlichkeit" [12] mit einer Verschiebung zugunsten einer asiatischen Dominanz. André Gunder Frank titelte sein Buch ReOrient und verwies auf zweierlei, einmal auf besagte Machtverschiebung gen Osten, zum andern auf die Rückkehr der weltpolitischen Bedeutung des Orients in eine Führungspo-

---

[12] Zitiert nach Jürgen Habermas, Die postnationale Konstellation. Politische Essays. Frankfurt a.M. 1998

sition, die er vor der europäischen Industrialisierung bereits inne hatte.[13] Es gibt also Stoff für neue Kreislauf- und Weltordnungstheorien. Interessanter als diesbezügliche Spekulationen erscheint die Frage, wie Macht-Asymmetrien – vor allem im wirtschaftlichen Bereich- ausgeglichen werden. U. Menzel zitiert unter Bezugnahme auf Landes: „Nachholende Entwicklung auf dem europäischen Kontinent, in Nordamerika und später in Ost- und Südostasien sei immer in bester listianischer Manier unter Verletzung der komparativen Kostendoktrin und des Freihandelsgebots durch Protektionismus auf Zeit und kluge Staatsintervention gefördert worden."[14] Bedeutet die Akzeptanz dieser Annahme eine Befürwortung neomerkantilistischer Politik? Um diese Frage in unserem Sinne zu beantworten, bedarf es einer begrifflichen Klärung. Wie wir gesehen haben, verläuft die erfolgreiche weltpolitische Schiene in Richtung sinokapitalistische Wirtschaftspolitik, gleichzeitig beklagen wir das mangelhafte Sozialsystem und die soziale Kälte als Preis dieses Wirtschaftserfolgs. Die Auflösung dieses Widerspruchs erfolgt in einer Neuausrichtung der Wirtschaftspolitik, die wir als wohlfahrtsmerkantilistische Richtung bezeichnen möchten. Dieser Paradigmenwechsel steht auf drei Säulen. Einmal besteht die Säule staatlicher Vorgaben, diese aber unter der Prämisse und der Zielsetzung der zweiten Säule der Sozialverträglichkeit. Als drit-

---

[13] André Gundar Frank, ReOrient,: Global Economy in the Asian Age. Berkeley 1998

[14] Siehe: Ulrich Menzel, Zwischen Idealismus und Realismus, Die Lehre von den Internationalen Beziehungen, Frankfurt a.M. 2001, S. 209. Menzel zitiert nach David S.Landes, Der entfesselte Prometheus. Technologischer Wandel und industrielle Entwicklung in Westeuropa von 1750 bis zur Gegenwart. Köln 1973

te Säule bleibt die marktwirtschaftliche Ordnung, die sich an einem sozial ausgerichteten staatlichen Anreizsystem orientieren muss. Der Begriff Wohlfahrtsmerkantilismus wird benutzt als Anlehnung an staatliche Anreizpolitik, er enthält folgende Elemente:

- *Schaffung ausreichender Finanzmittel*

  Aufbau eines Staatsfonds, der Gelder von spekulativen in sozialverträgliche Produktionsanlagen umlenkt, internationale Kooperationen ermöglicht unter Berücksichtigung sozialer staatlicher Interessen (Ressourcenschonung, Beachtung von good-governance-Kriterien usw.)

- *Günstige Positionierung des Staates*

  Im Sinne eines Sozialstaats: Standings im weitesten Sinne; Ausrichtung auf weitgehend Krisen resistente Wirtschaftspolitik mit Errichtung von Reserven nach dem Vorbild des norwegischen Staatsfonds

- *Eingriff in die Wirtschaft*

  Nicht im Sinne eines aktiven Wirtschaftsakteurs; der Staat soll ein auf Sozialkriterien basierendes Rahmensystem ermöglichen und auf der Basis dieser Vorgaben ein Anreizsystem gestalten, das innerhalb des marktwirtschaftlichen Konkurrenzsystems funktioniert

- *Skepsis gegenüber der freien Wirtschaft*

  Skepsis bedeutet Nichtausgeliefertsein gegenüber den Schwankungen des freien Spiels von Angebot und Nachfrage. Rahmenbedingungen und Anreizsysteme orientie-

ren sich an der Vermeidung sozialer Folgekosten markt -
wirtschaftlicher Mißstände. Insofern weist sozialmerkan-
tilistische Wirtschaftspolitik antizipatorische Charakter-
merkmale auf, diese stehen im Gegensatz zu dem abge-
griffenen Begriff der Nachhaltigkeit, der üblicher Weise
in der Praxis nach Fehlentwicklungen aufgegriffen wird.

- *Beachtung der Knappheit der Ressourcen*

  Ein merkantilistisches Ur-Antriebsprinzip, das angesichts
  ökologischer Bedrohung und quantitativer Verschwen-
  dungssucht eine modifizierte Bedeutung erlangt.

- *Internationaler Handel auf der Basis kontrollierter Sozialnormen und zur Schaffung von win-win-Situationen zugunsten
  der Verbesserung der Lebensbedingungen*

  Der Austausch von Waren, Dienstleistungen, Rohstoffen
  und Wissenstransfers obliegt den gesetzten Sozialstandards. Die Setzung solcher Standards, die auch im internationalen Handel das Rahmengerüst für Außenwirt-
  schaftspolitik setzt, erfolgt analog dem Vorbild des norwegischen Staatsfonds durch gesellschaftlich relevante
  Gruppen (Wirtschaftsfachleute bis NGOs). Auch hier
  dient – wie noch dargelegt wird- der norwegische Staatsfonds als nachahmenswertes Beispiel.

- *Errichtung eines unabhängigen Wirtschaftsinstituts, welches
  externe Kosten bei Produktion und Investition ermittelt und
  somit eine Bewertungsbasis für ein ökologisch relevantes Anreizsystem schafft*

Das marktwirtschaftliche System basiert auf der Freiheit des unternehmerischen Handelns. Produktion und Investition enthalten dabei positive externe gesellschaftliche Kosten wie z.B. materiellen Wohlfahrtsgewinn oder die Qualifikation von Mitarbeitern, aber auch negative externe Kosten wie Umweltbelastungen oder Ressourcenverbrauch, die von der Gesellschaft getragen werden. Eine Ermittlung solcher Kosten und ihre Einpreisung würde ein Anreizsystem ermöglichen, das die Vorteile des marktwirtschaftlichen Systems wie Wettbewerb und Konkurrenz mit der Reduzierung gesellschaftlich relevanter Belastungen verbindet. Ein solches System wird für Unternehmen mit Umwelt und Rohstoffe schonender Unternehmensphilosophie Belohnungen in Form von steuerlichen Anreizen oder günstigeren Rahmenbedingungen bringen, umgekehrt zu steuerlichen Mehrbelastungen für Unternehmen führen, die hohe gesellschaftliche Kosten verursachen. Ein unabhängiges Wirtschaftsinstitut muss an der  Ermittlung der externen Kostenberechnung arbeiten, es kann auch bei der Bestandsaufnahme und Prognose ökologischer, demographischer und sozialstaatlich relevanter Bereiche Eckpfeiler setzen. Kurz: wir brauchen eine Vorstellung, welche Aufgaben uns in der  Zukunft erwarten und was wir als Gesellschaft wollen bzw. ablehnen! Ein Beispiel dafür: fast unbemerkt wird  in der Forschung und Technologie Industrie 4.0 forciert. Industrie 4.0 versteht sich als vernetzte Fabrik, mit Hilfe der Informations- und Telekommunikationstechnologien (ITK) sollen Produktionsabläufe intelligent von Robotern und Computern gesteuert werden. Das Zeitalter der cyberphysischen Systeme läutet die vierte Industrielle Revolution ein. [15] Viele Forschungslabors, Universitäten und think tanks von Unternehmen arbeiten daran, Ablauf, Fehlentwicklungen und Fertigungsentscheidungen durch selbst bestimmende bzw. selbst korrigierende Maschinen zu entwickeln und zu vernetzen. Anlässlich eines Aachener Werkzeugmaschinen-Kolloquiums erschien eine 450-seitige Broschüre über die diversen Entwicklungsfortschritte und Programmoptimierungen in vielseitigen Bereichen des Maschinenbaus.[16] In den Vorworten dieser Broschüre finden sich Lobworte über die sich durch die Entwicklung von Industrie 4.0 ergebenden Perspektiven für den Industriestandort NRW oder BRD. Dr. Thomas Lindner, Vorsitzender der Geschäftsführung Groz-Beckert KG, nennt in seinem Beitrag die herausragende beschäftigungspolitische Bedeutung des Maschinen- und Anlagenbaus, warnt jedoch: „Der internationale Wettbewerb schläft aber nicht und orientiert sich zunehmend am deutschen Erfolgsmodell. Stichworte wie Re-Industrialisierung, Ausbau der Produktionskompetenz, Maschinenbau als Schlüsselindustrie machen deutlich, dass es erheblicher Anstrengungen bedarf, die hervorragende Position des deutschen Maschinen- und Anlagenbaus zu sichern oder weiter auszubauen. Hier ist die Politik gefordert. Sie muss Sorge dafür tragen, dass die politischen Rahmenbedingungen stimmen, um in Deutschland auch in Zukunft wettbewerbsfähig zu innovieren und zu produzieren. Und

---

[15] So auf der Internet-Plattform von Industrie 4.0 : http://www.plattform-i40.de/hintergrund/visionen (22.08.2015)

[16] Industrie 4.0,Integrative Produktion, Aachener Perspektiven, Fraunhofer IPT, hrsg. Von AWK, Shaker Verlag, Aachen 2014

sie muss sich gegen ideologische Verfestigungen aus Teilen der Unternehmerschaft wehren, wie das folgende Zitat eines Tagungsteilnehmers belegt: ‚Die Bundesregierung vernachlässigt investive Aufgaben zu Gunsten vermeintlich sozialer Wohltaten, greift immer stärker in die Eigenverantwortlichkeit der Unternehmer ein und gefährdet damit den Produktionsstandort Deutschland.‘"[17] Die Aussage dokumentiert die übliche Polarität zwischen betriebswirtschaftlich begründetem Anforderungspotential (Schaffung besserer Rahmenbedingungen) und gesellschaftlich resultierenden Folgebelastungen (hier formuliert als soziale Wohltaten). In letzter Konsequenz bedeutet Industrie 4.0 nichts anderes als eine neue unternehmerische Zusammensetzung folgender Komponenten: eine kleine Gruppe von Financiers ermöglicht innovativen mittelständischen-bis Großunternehmern mit Hilfe von einer in der Tat zunehmenden Zahl von Wissenschaftlern, Programmierern, aber auch schlechter dotierten Doktoranden und Praktikanten eine weitgehend vollautomatische Produktion, bei der es zwar Sekretärinnen, eine Marketingabteilung, Juristen und Gabelstablerfahrer geben wird, jedoch keine Arbeiter im klassischen Sinn, nicht einmal Produktionskontrolleure. Positiv formuliert ermöglicht Industrie 4.0 die längere Beschäftigung von älteren Menschen (Antwort auf die demographischen Herausforderungen), eine flexiblere Gestaltung der Arbeit, die bessere Vereinbarkeit von Beruf und Arbeit, kurz eine neue work-life-balance.[18] Negativ ergibt sich eine ge-

---

[17] Ebenda S.18

18 Siehe dazu:
http://www.plattformi40.de/sites/default/files/Abschlussbericht_Industrie4%200_barrierefrei.pdf (22.08.2015)

sellschaftliche Umstrukturierung ungeheuren Ausmaßes, neben dem Wegfall schlecht qualifizierter Arbeit auch der millionenfache Verlust qualifizierter Arbeit. Wir wehren uns in diesem Buch nicht gegen technologische Entwicklungstendenzen oder gegen Wachstum generell, doch möchten wir – wieder antizipatorisch-vor einer naiven oder ideologisch gefärbten Betrachtungsweise warnen, die gesellschaftliche Folgen auf die Industriestandortfrage reduziert und soziale, v.a. beschäftigungspolitische Folgewirkungen dieser Entwicklung ausklammert oder idealisierend verklärt.

## II. Eine Bestandsaufnahme der gegenwärtigen wirtschaftlichen Lage

Der Zeitraum der Abfassung dieses Buches erstreckt sich über mehrere Monate, entsprechend ändern sich wirtschaftliche Daten, Ereignisse wie die Wahlen in Griechenland oder nicht voraussehbare Preisentwicklungen. Nun gut, das ist Tagesgeschäft, manchmal sogar mit langen Tagen, aber eine Bestandsaufnahme einer längerfristigen Entwicklung sollte sich nicht von der Volatilität kurzer Zeiträume beeinflussen lassen. Eine Zustandsbeschreibung basiert vielmehr auf der Analyse gegebener Strukturen, der Erkenntnis langfristiger Tendenzen sowie der Überprüfung, ob die Strukturen geeignet erscheinen, den zukünftigen Herausforderungen standzuhalten. Wo stehen also hochentwickelte Dienstleistungsgesellschaften, und noch wichtiger, wohin steuern diese in der Zukunft? Solche Reflexionen sind notwendig, aber unpopulär, denn „das Vermögen, sich rasch an die eigene Umgebung zu gewöhnen, gehört zu den typischen Zügen der Menschheit. Nur wenige von uns sind sich wirklich darüber im Klaren, wie ungewöhnlich, wie instabil, wie kompliziert, unzuverlässig und vorläufig die Wirtschaftsordnung ist, in welcher Westeuropa seit einem halben Jahrhundert gelebt hat."[19] Der englische Ökonom John Maynard Keynes warnte damals (1919) zurecht vor den de- stabilisierenden Folgen des Versailler Friedensvertrags und er plädierte für eine Umkehr von bislang praktizierter rivalisierender hin zu einer kooperierenden Politik seitens der europäischen Mächte. Der gleiche Keynes, nun schon berühmt und international geachtet, wurde im Mai 1943 von der britischen Regierung nach seiner Einschätzung der Beschäftigungsentwicklung nach Kriegsende gefragt.[20] Keynes sah für die Zukunft drei Entwicklungsphasen. Die erste, unmittelbare Nachkriegsphase würde geprägt sein vom Nachholbedarf nach den Zerstörungen durch den Krieg. Hohes Wirtschaftswachstum und steigende Beschäftigung sorgten für zunehmenden Wohlstand, gleichzeitig mit der Sorge des Inflationsdrucks. In der zweiten Phase würde der Inflationsdruck schwinden, Wachstum und Beschäftigung sich auf hohem Niveau halten, jedoch mit konjunkturellen Ausschlägen, die allerdings mit antizyklischer Fiskalpolitik bekämpft werden könnten. Für uns wichtiger ist

---

[19] John Maynard Keynes, Krieg und Frieden, Die wirtschaftlichen Folgen des Vertrags von Versailles, Berlin 2014, Originalausgabe: The Economic Consequences oft he Peace, by MacMillan, London 1919, S. 39

[20] Die folgenden Ausführungen sind der Zusammenfassung folgender Quelle entnommen, basierend auf der Zusammenstellung von Karl Georg Zinn: http://www.mondediplomatique.de/pm/2009/07/10.mondeText1.artikel,a0055.idx,12

die Prognose der dritten Phase, denn für diese Phase erwartete Keynes eine anhaltende Wachstumsabschwächung. Keynes sprach von endogener Wachstumsschwäche oder „Zukunft ohne Wachstum". Die Gesellschaft – so Keynes – werde bei sehr hohem Lebensstandard Sättigungstendenzen erreichen, Wirtschaftswachstum werde stagnieren, die Investitionsquote die Ersparnis nicht mehr absorbieren. Vollbeschäftigung gilt bei Politikern und „traditionellen" Ökonomen zwar noch immer als ertrebtes Ziel, ist aber angesichts fortschreitender Produktivität und abnehmender Konsumneigung nicht erreichbar. Karl Georg Zinn als „Wiederentdecker" der in Vergessenheit geratenen Vorschau des „unbekannten Keynes" überträgt diese Gedanken auf die aktuelle Problemlage. Demnach führt die Negierung dieser Stagnationstendenz zu Maßnahmen des Staates, Wachstum über Staatsverschuldung zu erzielen. Da das bereitgestellte Kapital aber mangels ausreichender Investitionsmöglichkeiten nicht genügend in der Realwirtschaft angelegt werden kann, entsteht ein Kapitalüberhang zugunsten spekulativer Kapitalanlagen. Deshalb entstehen Blasen und Krisen, es entsteht aber auch eine zunehmende, weltweite Konzentration des Reichtums. Länder an der Schwelle zur Industrialisierung oder zur Dienstleistungsgesellschaft weisen hohe Wachstumzahlen auf, denn sie befinden sich in Phase 1 oder 2 der Keynes'schen Analyse. Mit zunehmendem Aufholeffekt zeigen sich aber auch hier erste Wachstumsdellen bis hin zur endogenen Wachstumsschwäche. An der Entwicklung Chinas lässt sich dieser Prozess beispielhaft ablesen.[21] Das Krisenbewusstsein erhärtet sich auch publizis-

---

[21] siehe dazu den lesenswerten Artikel aus der Frankfurter Rundschau vom 31.Oktober 2012, „ Chinas Zukunft: Warten auf das schöne Leben"

tisch, doch bleibt es bei einer diffusen Krisenerklärung. Wir finden Begriffe wie „Stadium des Stillstands" oder „Die große Degeneration" [22] , jedoch kaum brauchbare Erklärungen oder analytische Erkenntnisse à la Keynes. Für Finanzkrisen oder Staatsverschuldungskrisen werden spekulative Bankgeschäfte verantwortlich gemacht, es wird aber nicht hinterfragt, warum überschüssiges Kapital spekulativ und nicht realwirtschaftlich sinnvoll investiert wird. Die von Sinn formulierte Doppelkrise, also Sättigungskrise gepaart mit falschem Geschäftsgebaren, wird nur zur Hälfte akzeptiert. Die Wirklichkeit offenbart entwickelten Gesellschaften fünf große Krisenmomente, die je nach Land mehr oder weniger stark zur Geltung kommen, tendenziell aber gleichsam zu beobachten sind. Als erstes und sichtbares Krisenmoment zeigt sich die Staatsverschuldungskrise. Sie ist auch eine Systemkrise, weil sie eine Haftungskrise für System relevante Banken darstellt. Too big to fail darf es in einer Marktwirtschaft eigentlich nicht geben, denn eine Grundregel des Wirtschaftssystems lautet: wer Gewinne macht muss auch für Verluste haften. Falk Illing tituliert den aktuellen Zustand in Europa als Vollkasko-Ökonomie.[23] Seiner Meinung nach wurde die Marktwirtschaft als Verkehrsform für den Handel von Gütern und Dienstleistungen in drei Schritten ausgehebelt. Zunächst wurden konjunkturelle Dellen mit Hilfe Keynesianischer Politik geglättet. Rezessionen wurden dementsprechend mit deficit spending und staatlichen Impulsen überwunden. Die zweite Stufe fußte auf der Fortsetzung des deficit spending, Il-

---

[22] Siehe Niall Ferguson, Der Niedergang des Westens, Berlin 2014, S. 156 bzw. S.169

[23] Falk Illing, Vollkasko-Ökonomie, Angriff auf die Marktwirtschaft, Wiesbaden 2014

ling nennt die fortgesetzte Verschuldungspolitik zugunsten künstlicher Konjunkturimpulssetzung artificial spending. Im letzten Schritt, dem unlimited spending, steht die Geldpolitik im Vordergrund. Die Ankündigung Herrn Draghis am 6.September 2012, dass die EZB notfalls unbegrenzt Anleihen kaufen werde, vor allem jedoch die Umsetzung dieser geldpolitischen Lockerung, führte zu einer ungehemmten Ausdehnung der Geldmenge und in Folge dessen zu einer Vernachlässigung von Sicherheiten. Der marktwirtschaftliche Grundsatz der Haftung gilt seit dem Fall Lehman nicht mehr, Banken und Staaten gelten als systemrelevant, eine Verschuldung wird nach dem Schneeballsystem Minskys durch neue Schulden getilgt, deren Geld durch die Zentralbank bereit gestellt wird. Nur- „Liquidität gibt es in Hülle und Fülle, die Zinsen sind sehr niedrig – und trotzdem nutzen Firmen diese Konditionen nicht."[24] Dieses Zitat stammt vom Masaaki Shirakawa, dem ehemaligen Gouverneur der BOJ (bank of japan). Das Zitat passt deshalb, weil Japan die sich in Europa abzeichnende Entwicklung quasi schon vorweggenommen hat. Japan wies 2014 eine Staatsverschuldung von 243% des BIP auf[25], nachdem verschiedene Regierungen mehrere Konjunkturprogramme ohne langfristigen Erfolg durchgeführt hatten. - Die zweite Krise betrifft die Verteilung von Vermögen und Reichtum. Keynes sah als einen möglichen Lösungsansatz eine Verbesserung der Einkommensgerechtigkeit, schließlich lenkte Keynes in seiner primären ökonomischen Sichtweise das Hauptaugenmerk auf den Nachfrageaspekt. Wenn die unteren Ein-

---

[24] Ebenda S.85
[25] Quelle:
http://de.statista.com/statistik/daten/studie/152666/umfrage/staatsverschul dung-japans-in-relation-zum-bruttoinlandsprodukt-bip/ (22.08.2015)

kommensbezieher höhere Einkommen beziehen würden, dann hätte dies einen ungleich größeren Wachstumsschub zur Folge, als wenn umgekehrt höhere Einkommensbezieher noch reicher würden. Das dritte Krisenelement betrifft die Überalterung vieler „alter" Staaten. Durch die demographische Entwicklung werden langfristig die sozialen Sicherungssysteme gefährdet, zudem schlittern die Staaten zunehmend in die Kostenfalle der Dienstleistungsgesellschaft (dazu später mehr). Die Vergreisung der Gesellschaft kann an anekdotisch anmutenden Fakten dingfest gemacht werden. So teilte das auf Windeln spezialisierte Unternehmen Unicharm mit, dass im Jahre 2011 mehr Windeln für Erwachsene als für Babys verkauft wurden.[26] In Japan wird es im Jahre 2050 etwa eine Million Menschen geben, die über 100 Jahre alt sein werden. Doch auch Deutschland vergreist. Der Umsatz für Babywindeln ging um 0,4 Prozent zurück, der Umsatz für Inkontinenz-Produkte stieg im selben Zeitraum um 7,4 Prozent.[27] Immerhin erwartet man erst im Jahre 2067 einen höheren Absatz von Seniorenwindeln als von Babywindeln, allerdings wird im Jahr 2040 jeder dritte Deutsche über 65 Jahre alt sein.[28] Viertens zeigt sich immer stärker die Wachstumskrise in einer strukturellen Sättigung der Binnenmärkte. In seltener Offenheit werden diese Zusammenhänge in einer FAZ-Kolumne („Parkettgespräch") offengelegt, indem Georg Graf von Wallwitz, der Geschäftsführer des Vermögensverwalters Eyb & Wallwitz, zitiert wird: „ In Europa leben wir im Zeitalter der Stagnation…In der Hauptsache verantwortlich sei die demogra-

---

[26] Siehe: NTV von 11.Mai 2012
[27] Siehe: Deutsche Wirtschaftsnachrichten vom 7.11.2014
[28] Quelle: ebenda

phische Entwicklung. Ein immer größerer Teil der Bevölkerung lebe von Transferleistungen und den Kapitalerträgen, nicht von Arbeitseinkommen und sei damit wirtschaftlich nicht aktiv. Die Produktivität steige zwar und auch der Lebensstandard pro Kopf. Da aber die Bevölkerung in der Tendenz schrumpfe, wachse die Wirtschaftsleistung nicht oder nur wenig." [29] Da auch keine Impulse durch bahnbrechende Innovationen zu erwarten sind, allenfalls Folgeinnovationen, stagniert die Wirtschaft. Sein Fazit: „Diese weitgehende Nachfragesättigung sorgt für eine generelle Deflationsgefahr."[30] Als letztes Krisenmoment, das ausführlich in einem Kapitel dieses Buches behandelt wird, gilt die zunehmende Ressourcenknappheit. Viele Menschen verbinden Ressource mit Erdöl und würden angesichts sinkender Ölpreise den Aspekt der Ressourcenknappheit negieren. Wir dürfen uns nicht von einzelnen Entwicklungsphasen und Fragmenten täuschen lassen. Allein die Aussicht, dass im Jahre 2050 9,6 Milliarden Menschen leben werden, also 2,4 Milliarden Menschen mehr als im Jahr 2013, muss bezüglich der vorhandenen Ressourcen nachdenklich stimmen.[31] Das vielleicht gravierendste Krisenmoment liegt womöglich auf der politischen Ebene. „Laut Mancur Olsen fallen alle politischen Systeme im Laufe der Zeit mit großer Wahrscheinlichkeit der Sklerose zum Opfer, hauptsächlich aufgrund der Besitzstand wahrenden Aktivitäten organisierter Interessensgruppen." [32] Wir fügen hinzu: Sklerose infolge festgefahrener Denkmuster. Die einstmals erfolgreichen Wachstumsmodelle enden in einer Sackgasse, werden pure Ideo-

---

[29] Geldanlage in der Stagnation, FAZ vom 6.März 2015, S.23
[30] ebenda
[31] Siehe Weltbevölkerungsbericht 2014, Kurzform
[32] Niall Ferguson, a.a.O. S.124

logie, weil man sich weigert, angeblich Bewährtes zu hinterfragen, eine reale Bestandsaufnahme anzugehen und angeblich wissenschaftliche Lehrsätze in Frage zu stellen. Ferguson kommt zu der richtigen Schlussfolgerung „…Reformen [müssen] außerhalb der staatlichen Institutionen angestoßen werden…von der Zivilgesellschaft. Sie müssen von uns, den Staatsbürgern, ausgehen." [33] In diesem Sinne verstehen sich diese und die folgenden Ausführungen. Sie appellieren an Leser, die die hier aufgeführten Gedankengänge vielleicht nicht immer teilen, aber als Anregung verstehen, über notwendig erachtete Veränderungen nachzudenken und sich öffentliches Gehör zu verschaffen. Der japanische Ökonom Kiyohiko Nishimura sprach anlässlich eines Vortrags in Frankfurt von den drei ökonomischen Erdbeben der Zukunft,[34] einmal den Nachwirkungen der Finanzkrise, zum zweiten dem Arbeitsplätze vernichtenden technologischen Fortschritt und schließlich den Folgen des demographischen Wandels. Doch vor Erdbeben kann man sich in vielerlei Weise schützen, und auch der Begriff Erdbeben beschreibt die Lage unzureichend. Wir erinnern hier wieder an Keynes, der die Phase III kennzeichnete als eine Phase hohen Lebensstils. Das Aufzeigen von Krisenmomenten und die Benennung der Ursachen zukünftiger Krisen müssen der Sensibilisierung für diese Problemfelder dienen und dürfen nicht den Schleier ausbreiten vor dem ungeheuren Reichtum und der Lebensqualität westlicher Industrienationen. Gelingt freilich die Sensibilisierung für die angesprochenen Problemfelder in Öffentlichkeit und Politik nicht und wer-

---

[33] Ebenda S.125
[34] Siehe: http://www.timepatternanalysis.de/Blog/2015/03/10/demographie-und-geldpolitik/ (22.08.2015)

den nicht entsprechende Maßnahmen getroffen, so können aus Krisenmomenten Strukturkrisen entstehen, deren Folgen Gesellschaftssysteme destabilisieren. Ansteckende Krankheiten brechen meistens erst nach einer Inkubationszeit aus, und gute Gesundheitspolitik erkennt zu Beginn dieser Phase, welche Maßnahmen den Ausbruch der Krankheit verhindern. Medizin ist oftmals nicht schmackhaft, gleiches gilt für politisch vorbeugende Maßnahmen, deshalb beschreibt der hier vorgebrachte Vorschlag einen gemäßigten, schrittweisen und von allen gesellschaftlichen Teilen mittragbaren Weg.

**III Wirtschaftspolitische Prämissen und Schlussfolgerungen**

Keine Angst, die folgenden Ausführungen ersetzen kein Seminar über wirtschaftstheoretische Positionen! Dennoch wäre es vermessen, wenn Gedanken über die richtige Wirtschaftspolitik nicht Erkenntnisse und Positionen der Wirtschaftstheorie berücksichtigen würden. Einige solcher wirtschaftstheoretischen Positionen erscheinen uns beachtenswert und sinnvoll, aber leider in der Praxis nicht gebührend berücksichtigt. Von ihnen sollen drei vorgestellt werden. Zunächst gehen wir auf den Widerspruch zwischen unendlichen Bedürfnissen und endlicher Wachstumsbefriedung ein. Dieser Widerspruch verschwindet komischer Weise bei jeder Wahlkampfveranstaltung und bei vielen Wachstumsfanatikern in Politik und Wirtschaft. Generell ist wirtschaftliches Wachstum nicht falsch und auch wünschenswert bei neuen Produkten, wenn sie die Wohlfahrt steigern. Es wäre jedoch eine naive Position, Wirtschaftswachstum als Fetisch zu betrachten, als Dogma, das ungeachtet der sozialen Folgewirkungen durchgesetzt werden müsse, gar als Axiom einer gesunden Wirtschaft. Keynes´ These der endogenen

Wachsstumsschwäche weist dem entgegen in die richtige Richtung. Mit anderen Worten: Wachstum ja, wenn angebracht und sozial verträglich, aber mit Sensibilisierung und Augenmerk für die Grenzen des Wachstums, und vor allem mit Konzepten für den Fall zunehmender Verknappung. Ein zweites Augenmerk dieses Kapitels liegt in der ökonomisch zu wenig beachteten Problematik der Dienstleistungsgesellschaft. Die Aussage, dass wir in einer Dienstleistungsgesellschaft und nicht mehr in einer überwiegend von der Industrie geprägten Gesellschaft leben, ist allgemeingültig wie undifferenziert. Was bedeutet diese Tatsache für die Arbeitswelt, für das gesellschaftliche Zusammenleben, für Bildungsanforderungen und vor allem für die zukünftige Entwicklung? Verdrängten einst Dienstleistungen Maschinen als „Arbeitgeber", können automatisierte Maschinen demnächst Dienstleistungen und damit Arbeit ersetzen? Und vor allem, wie finanzieren sich Dienstleistungen, die keinen unmittelbaren oder mittelbaren ökonomischen Nutzen haben? Ein drittes Thema des Kapitels behandelt das System der „richtigen" Marktwirtschaft. Die Prämisse, Marktwirtschaft statt Zentralverwaltungswirtschaft gilt auch hier, doch muss zwischen verschiedenen ordnungspolitischen Vorstellungen differenziert werden. Das System der korporativen Marktwirtschaft dient unseren Überlegungen als Vorlage und leitet auch über auf das nächste Kapitel, in dem Erfahrungen einer aktiven Industrie- und Technologiepolitik vorgestellt werden.

Quelle: Eigenaufnahme

Die Skulptur der Künstlerin  Ellen Jacobsen  aus dem Jahre 1986 ( Oskar-Braten Monument Beyerbrua, Oslo) zeigt in beeindruckender Weise den Stolz von Arbeiterinnen. Eine Reminiszenz an eine verlorengegangene Arbeitswelt.

Quelle: Marie Kloubert, Aachen

Aufgenommen in Peking im Jahre 2014

Eine der drei ökonomischen Erdbeben ist die demographische Entwicklung. Die 1979 eingeführte Ein-Kind-Politik in China verhinderte zunächst eine Bevölkerungsexplosion. Mit der Reformpolitik stiegen jedoch Wohlstand und Lebenserwartung in China. Es droht eine Überalterung der Gesellschaft. Im Jahre 2014 kamen auf 100 Personen im erwerbsfähigen Alter 50 Nichtarbeitende, also Kinder und Rentner. Bis 2050 werden japanische Verhältnisse mit einem Verhältnis von 100/70 prognostiziert.

Quelle: Marie Kloubert, Aachen.

China im Konsumrausch: Nachahmeffekte in Produkt, Stil und Ge-
schmack. Aufnahme aus Peking 2014.

Quelle: Marie Kloubert, Aachen

Das Bild steht als Beleg für den Energiehunger und die Energiever-
schwendung Chinas. Aufgenommen wurde es in Peking im Jahre 2014

Quelle: Marie Kloubert, Aachen

Aufgenommen in Peking im Jahre 2014

Energiehunger und Energieversorgung sind oftmals zwei Paar Schuhe, nicht nur in China.

# Beijings Manhattan...

Quelle: Marie Kloubert, Aachen, 2014

Beijing = Peking ist die Hauptstadt Chinas und mit 16.800 Km$^2$ etwas größer als Schleswig-Holstein (15.800 Km$^2$ / 2,8 Mio. Einwohner ). Die mit 12 Millionen registrierten Einwohnern übervölkerte Stadt besteht aus einem modernen Zentrum und urbanen Außenbezirken.

Quelle: Marie Kloubert, Aachen, 2014

Kontrast zur Glimmerwelt: Hutongs bezeichnen kleine Gassen abseits der Zentren.  Aufnahme aus Peking 2014.

### a) Unendliche Bedürfnisse – endliches Wachstum

Die meisten Wirtschaftslehrbücher beginnen in der Einführung ihres Werkes mit dem Hinweis auf die Unbegrenztheit der menschlichen Bedürfnisse und die Begrenztheit der verfügbaren Mittel.[35] „Wirtschaften heißt also letztlich nichts anderes, als das Spannungsverhältnis zwischen Bedürfnissen und knappen Mitteln so weit wie möglich zu verringern."[36] Diese Definitionen geben zwar einen Hinweis auf die Endlichkeit von Bedürfnisbefriedung, doch wird keine Schlussfolgerung gezogen bezüglich der Endlichkeit von Wirtschaftswachstum! Jeder Student kennt das erste Gossensche Gesetz, das besagt, dass der Grenznutzen eines Gutes – das heißt der Nutzen der letzten zusätzlichen Einheit- mit der Zunahme der konsumierten Menge des Gutes abnimmt.[37] Dieses Gesetz gilt auch als Sättigungsgesetz, welches sowohl betriebswirtschaftlich als auch volkswirtschaftlich angewendet werden kann. Stellen wir uns vor, wir hätten einen 100 qm großen Raum mit einer Nähmaschine und einer Näherin, die 10 Kleider pro Tag produzieren kann. Eine Anschaffung von einer zweiten Nähmaschine und einer weiteren Näherin könnte sogar zusätzlichen Gewinn bringen, da Material billiger angeschafft werden kann oder eine Arbeitsteilung die Herstellung der Kleidungsstücke beschleunigt. Die Idee, noch mehr Nähmaschinen anzuschaffen und Näherinnen zu beschäftigen, stößt

---

[35] So auch zu finden in Klaus Gertoberens, Den Wirtschaftsteil der Zeitung richtig lesen und nutzen, München 1998, S. 14, sinniger Weise in Abgrenzung vom Traum vom Schlaraffenland (Überschrift des ersten Kapitels)
[36] Hartwig Bartling, Franz Luzius, Grundzüge der Volkswirtschaftslehre,15.Auflage, München 2004, S.4
[37] Ebenda, S.57

irgendwann an organisatorische und räumliche Grenzen. Die Kunst des Unternehmens besteht also darin, das Optimum der Produktionsbedingungen herauszufinden, denn irgendwann fällt der Grenznutzen. Gleiches gilt natürlich auch bei dem Konsum bzw. dem Nachfrageverhalten. Das erste Schnitzel sättigt den Hunger, das zweite den Appetit, das dritte verliert an Attraktivität und beim vierten Schnitzel wird einem schlecht. Da die Bedürfnisse aber unendlich sind ebenso wie auch die Kreativität der Unternehmen, gelingt es laut herkömmlichem ökonomischen Denken die Nachfrage durch immer neue Produkte zu steigern und somit scheinbar unerlässliches Wachstum zu schaffen. Nach dem Stabilitätsgesetz von 1967 haben Bund und Länder ihre wirtschafts- und finanzpolitischen Maßnahmen sogar so zu treffen, dass sie für ein stetiges und angemessenes Wirtschaftswachstum beitragen.[38] Nur durch Wirtschaftswachstum können – so die Lehrmeinung - Krisen vermieden und Wohlfahrt gesteigert werden. Inzwischen – vornehmlich in guten Wachstumszeiten- schleicht sich der Zusatz „nachhaltiges" Wachstum ein, wobei Nachhaltigkeit zu einem Allerweltsbegriff verkommt, der meistens dann vorgebracht wird, wenn Umweltsünden aufgedeckt worden sind. Als moderner Alltagsbegriff taugt er sogar für Modeshows, wie die Modemessen Green Show Room und die Ethical Fashion Show in Berlin belegen.[39] Da Bedürfnisse unendlich sind, erscheint Bedürfnisbefriedigung nur partiell an Grenzen zu stoßen. Und in der Tat, historisch

---

38 § 14 des Gesetzes zur Förderung der Stabilität und des Wachstums der Wirtschaft vom 8. Juni 1967 (BGBl. I S. 582)
39 Siehe auch: http://www.mediadesign.de/sites/default/files/memo-magazin-web1.pdf (10.10.2014)

gesehen verläuft der Wohlfahrtspfad nach oben, zwar wie im zweiten Kapitel beschrieben krisenhaft, doch global zunehmend[40]. Festgesetzt hat sich vor allem die Konnotation des Begriffs Wachstum mit quantitativem Wachstum. Das BIP definiert sich nun mal als Summe aller Güter und Dienstleistungen in Preisen, nicht in Lebensqualität, die schwer messbar ist und zudem subjektiv bleibt. Bedürfnisse werden jedoch nicht nur materiell empfunden, wie Maslow in seiner berühmten Bedürfnispyramide darstellte. Demnach gibt es in unterschiedlicher Rangordnung fünf Bedürfnisskalen. Als elementarste Bedürfnisse gelten Grundbedürfnisse wie Essen, Schlafen usw. Darüber stehen Sicherheitsbedürfnisse wie Wohnen und Arbeit, darüber soziale Bedürfnisse wie Freundschaft und Familie. Als höchste Bedürfnisse gelten Wertschöpfung und Selbstverwirklichung. Die Pyramide tastet sich also von materiellen Bedürfnissen hin zu immateriellen Bedürfnissen, wobei die Befriedigung immaterieller Bedürfnisse oftmals erst durch materiellen Reichtum ermöglicht wird. Eine Gesellschaft, die die Primärbedürfnisse relativ leicht ökonomisch abdecken kann, wird in zunehmendem Maße Dienstleistungen bereitstellen, die zur Befriedung höherer Bedürfnisse im Sinne der Maslowschen Pyramide gereicht. Konkret: belastet der Anteil für Miete und Nahrung immer geringer die Ausgabenseite, so verbleibt mehr für Urlaub, Kultur oder Freizeitausgaben. Die Ausgaben für das Wohnen steigen

---

[40] Das weltweite Wachstum, gemessen im BIP in jeweiligen Preisen stieg von 2004 mit 43 Billionen $ bis zum Jahr 2014 (geschätzt) auf 77,61 Billionen $ an. Nur 2009 sank das Wachstum mit 59,06 Billionen $ gegenüber dem Vorjahr (62,31 Billionen $) infolge der Finanzkrise. Quelle: IMF, Statista 2014, entnommen : http://de.statista.com/graphic/1/159798/entwicklung-des-bip-bruttoinlandsprodunkt-weltweit.jpg  (11.10.2014)

natürlich, wenn ich statt in einer Mietwohnung Miete zu bezahlen Eigentum erwerbe, aber gleichzeitig geht damit ein Statuszuwachs einher, also eine Wertschätzung. Alle diese in der Wirtschaftstheorie gängigen Gedankenspiele haben gemeinsam, dass sie vom Einzelfall auf die Gesamtheit schließen. Jedes Unternehmen unterliegt dem Gossenschen Gesetz, jeder Konsument erfährt eine Sättigung, jedes Individuum durchläuft die Bedürfnispyramide. Eine gesellschaftlich relevante Wohlfahrtsfunktion, die das Verhalten anderer Wirtschaftssubjekte berücksichtigt, finden wir in der Theorie vom Pareto-Optimum. Es definiert den optimalen (theoretischen) Zustand einer Wohlfahrtsgesellschaft als den Punkt, „… bei dem es nicht (mehr) möglich ist, durch eine wirtschafts- und sozialpolitische Maßnahme auch nur ein Mitglied einer Gruppe oder Gesellschaft besser zu stellen, ohne dass nicht mindestens ein anderes Mitglied schlechter gestellt werden müsste".[41] Wie üblich in der Wirtschaftstheorie wird diese Annahme auf verschiedenen Ebenen hinterfragt, so bezüglich der „richtigen" Erfassung von Nutzen, der Messung von individuellen Präferenzen oder der „angemessenen" Einkommensverteilung. Wir wollen uns an diesen oder ähnlichen Diskussionen hier nicht beteiligen, für uns erscheint das Pareto-Optimum als ein Arbeitsbegriff, der für die Zusammenhänge gesellschaftlicher Wohlfahrtsfaktoren geeignet erscheint. Die Wirtschaftswissenschaften und die Wirtschaftspolitik operieren oft mit subjektiv, man kann sagen willkürlich festgelegten Vorgaben, die sogar temporären Schwankungen unterliegen. Eine

---

[41] Quelle: http://www.wirtschaftslexikon24.com/d/pareto-optimum/pareto-optimum.htm# (23.08.2015)

Inflationsrate um 2% ist wünschenswert, eine Arbeitslosenzahl von unter 1 Million zählt als Vollbeschäftigung, eine Krise liegt vor, wenn in zwei aufeinander folgenden Quartalen das BIP schrumpft, sozial heißt...Selbst die Messvorgaben unterliegen subjektiven Kriterien, siehe den Inhalt des Warenkorbs bei der Inflationsmessung. Die Vorgaben machen Sinn, sind aber nicht beweisbar, allenfalls begründbar. Genau dahin zielt unser Ansatz! Wie noch weiter unten zu sehen sein wird, benötigen wir einen gesellschaftlichen Konsens für einen Rahmen, wie unser Wohlfahrtsstaat gestaltet werden soll. Nicht einschränkende Regeln, sondern Eckpfeiler, die auf der Grundidee der Pareto-Vorgabe basieren. Die Wirtschaftsordnung eines Wohlfahrtsstaates darf demnach nicht vorwiegend die Interessen quantitativen Wachstums in den Mittelpunkt setzen ohne zumindest mittelfristige ökonomische Wohlfahrtsgewinne und Wohlfahrtsverluste zu berücksichtigen. Setzen wir also für unser wohlfahrtsmerkantilistisches Modell bestimmte Schlüsselindikatoren, in der Informatik würde man von core-sets sprechen, als bestimmende Parameter für die Annäherung an ein Pareto-Optimum. Wie noch zu sehen sein wird, war dies genau der japanische Weg in den fünfziger Jahren für den Wirtschaftsaufbau, allerdings auf rein quantitatives Wachstum ausgerichtet. Der norwegische Staatsfonds, der ebenfalls ausführlich behandelt wird, setzt auch qualitative Maßstäbe bezüglich der Investitionen und kommt unserem Modell weitaus näher. Wie setzt sich unser core-set zusammen, welche Parameter sollen für den Wohlfahrtsstaat bestimmend sein, welche nicht? Diese Diskussion wird gesellschaftlich zu führen sein, und zwar als Maßstab für die reale wirtschaftspolitische Umsetzung. Beispielhaft nennen wir einige Indikatoren wie den Datenschutz, die Einkommens- und Vermögensverteilung, den Ressourcen-und Energieverbrauch, die Balance zwischen den Generationen usw. Die Vorgabe der paretianischen Wohlfahrtsökonomik erfordert die Überprüfung der Frage „wozu nutzen wir die technologische Entwicklung?" Nichts gegen technologische Entwicklung, sie soll aber  zielgerichtet und Nutzen orientiert sein. Die digitale Revolution ermöglicht z.B. cloud-working, womit Mindestlöhne und Arbeitsstandards unterminiert werden können, der Internethandel und digitale Zahlungsverfahren ermöglichen zunehmend den gläsernen Kunden zu Lasten des Persönlichkeitsschutzes. Das Aufstellen wesentlicher Indikatoren, die als Vorlage für wirtschaftliches Handeln und wirtschaftliche Anreize und Sanktionen dienen, erfordert einen  handlungsfähigen Sozialstaat. Nur ein in diesem Sinne agierender Staat wird nicht von technologischen Entwicklungen getrieben werden und auf ökonomische und gesellschaftliche Krisen lediglich reagieren können. Das Empfinden, das Pareto-Optimum überschritten zu haben, teilt auch der Ökonom und Sozialforscher Meinhard Miegel in einer Kolumne der FAZ mit dem Titel ´Die unerwiderte Liebe der Menschen zum Kapitalismus´.[42] Der Autor schreibt, passend zur Thematik: „ Beim derzeitigen Wissens - und Könnens-Stand  bedeutet jedes weitere Wachstumsprozent, jede Lohnrunde, jede weitere soziale Wohltat oder jede zusätzliche öffentliche Leistung zwar nicht zwangsläufig, aber nach allen bisherigen Erfahrungen in der Regel eine Erhöhung des zerstörerischen Drucks auf die Lebensgrundlagen und damit eine Beschleunigung ihres Zusammenbruchs."[43] Sind die materiellen Lebensgrundlagen also an einem

---

[42] FAZ vom 18.August 2014,S.13
[43] ebenda

Qualitätspunkt angelangt, wo ein „Mehr" an quantitativen Gütern nicht unbedingt einem qualitativen Wohlfahrtsgewinn entspricht, so lässt sich diese Negativgleichung nicht unbedingt für die empfangenen Dienstleistungen aufstellen. Im Folgenden wird ausgeführt, dass die Dienstleistungsgesellschaft in der Tat als Merkmal für eine hochentwickelte Wohlfahrtgesellschaft gelten kann. Dienstleistungen dürfen jedoch nicht undifferenziert betrachtet werden, und bei genauerer Untersuchung zeigen sich gravierende Problemfelder für unsere zukünftige Gesellschaft.

## b)  Dienstleistungsgesellschaft-Segen oder Kostenfalle?

„Von der Produktionsstruktur her hat sich die Bundesrepublik in den 1970 er Jahren von einer Industriegesellschaft in eine Dienstleistungsgesellschaft verwandelt."[44] 2012 arbeiteten rund 70% der Erwerbstätigen im tertiären Sektor, ca. 25% in sekundären Sektor nur etwas über 2% im primären Sektor.[45] Dieser Wandel impliziert geradezu revolutionäre gesellschaftliche und ökonomische Veränderungen, zumal sich dieser Wandel in historisch kurzer Dimension abspielte. Ich weiß noch genau, wie mein Vater – es war in den 60er Jahren - eines Tages glücklich mit einer Flasche Sekt von der Arbeit kam und die Familie mit der Nachricht überraschte, er sei jetzt nicht mehr einfacher Arbeiter, sondern Angestellter geworden. Eine Anekdote nur, aber

---

[44] Rainer Geißler, Die Sozialstruktur Deutschlands, 7.Auflage, Wiesbaden 2014, S.186
[45] Ebenda S.187 nach Daten des Statist. Bundesamtes

wie viele Arbeitsverhältnisse und Arbeitsvorgänge haben sich in nur einer Generation elementar verändert? Das Phänomen der Dienstleistungsgesellschaft mit ihrem Wandel, vergleichbar mit den Veränderungen während der Industriellen Revolution, bleibt dennoch stiefmütterlich behandelt und relativ unerforscht. Eine Untersuchung dieses Phänomens liefert der Ökonom Jonathan Gershuny. In seinem Buch stellt er anfangs drei Fragen.[46] Die erste Frage lautet: „Wie hat sich die sektorale Beschäftigungsstruktur in den letzten zwei Jahrzehnten geändert?" Im Gegensatz zur Industrieproduktion verbindet man die Dienstleistungsgesellschaft mit einer Verbesserung der Lebensweise. Die Verrichtung von Dienstleistungen geschieht in sauberer Arbeitsumgebung, die Dienstleistungen werden oftmals unmittelbar am Dienst für den Menschen ausgeübt, sie sind nicht körperlich anstrengend, sie sind stattdessen kommunikativ, kreativ, angenehmer als Fabrikarbeit. Dienstleistungen tragen zur Wohlfahrtsmehrung bei, sie prägen den Wohlfahrtsstaat. Ungeachtet der beschönigenden und undifferenzierten Charakterisierung von Dienstleistungstätigkeiten grenzt sich der tertiäre Sektor in der Wertschätzung positiv von Fabrik- und Landarbeit ab. Die zweite Frage Gershuny´s zielt auf Tätigkeiten im Dienstleistungssektor. Sie lautet: „Inwiefern und wieso hat sich der Charakter von Arbeitsplätzen verändert?" Eine ökonomische und zugleich gesellschaftspolitische Fragestellung, der zu wenig Beachtung geschenkt wird. Wir werden im Folgenden nach Paretos Theorie Baumol´s Theorie der Kostenkrankheit der Dienstleistungsgesellschaft behandeln, die wichtige Denkanstöße vermit-

[46] Jonathan Gershuny, Die Ökonomie der nachindustriellen Gesellschaft, Frankfurt a.M., 1981, S.13

44

telte. Vorher jedoch die Schlussfrage Gershuny´s, er fragt: „Wie haben sich Konsummuster im Laufe der Zeit verändert?" Als Gershuny diese Frage formulierte, ahnte er mit Sicherheit nichts vom Online-Handel, von drahtloser Kommunikation, selbst einparkenden Autos oder von Überlegungen, Drohnen als Transportmittel einzusetzen. Seiner zeitgemäßen Vorstellung entsprach die Dienstleistung dem Uno-Actu-Prinzip, also als einer Interaktion zwischen Menschen. Diesbezüglich klassische Tätigkeiten verrichten Friseure, Lehrer und Sozialarbeiter. Gershuny knüpft begrifflich an die „Drei –Sektoren-Einteilung" an, die in den 50er Jahren unter Fourastié populär wurde. [47] Die einzelnen Sektoren unterscheiden sich einmal im Tätigkeitsschwerpunkt, also der zu verrichtenden Arbeit, zum andern nach der Produktivität. Der Primärsektor, also Land- und Forstwirtschaft, unterliegt nur mittleren Produktivitätssteigerungen, während der Sekundärsektor sehr hohe Produktivitätssteigerungen aufweist. Fourastié sah im Tertiärsektor nur sehr begrenzte Produktivitätssteigerungsmöglichkeiten. Die Begrenzung der Produktivitätssteigerung lag nach Fourastié an der vermeintlichen Unmöglichkeit technischen Fortschritt für den Dienstleistungssektor anzuwenden. Professoren und ein Friseur können nicht durch Maschinen ersetzt werden, obwohl auch Fourastié die Mutation von tertiären Dienstleistungen in sekundäre Güter bewusst war, wie beispielhaft die Dienste von Dienstmädchen durch die Waschmaschine ersetzt wurden.[48] Der Hunger nach Dienstleistungen wird freilich immer größer, denn mit den Produktivi-

---

[47] Fourastiés Titel seines 1949 erschienenen Buches hieß in der deutschen Übersetzung von 1954 „Die große Hoffnung des 20.Jahrhunderts"
[48] Fourastié, ebenda S.280,Anm. 4

tätsgewinnen im Sekundärsektor werden Freizeit und zusätzliche, materiell erfüllbare Bedürfnisse ermöglicht bzw. geweckt. „Das Verhältnis zwischen Produktivität und Nachfrage kehrt sich im tertiären Sektor um."[49] Aber hat Fourastié wirklich recht gehabt? Vertiefen wir die Überlegungen über die Dienstleistungsgesellschaft und betrachten wir die gegenwärtige und wahrscheinlich zukünftige Entwicklung, so stellen sich zwei elementare Fragen: einmal die Frage nach der Finanzierung von Dienstleistungen, die nicht unmittelbar oder mittelbar dem Produktionsprozess unterliegen. Die andere Frage lautet: ermöglicht der technische Fortschritt auch die Kompensation von Dienstleistungen? Aus beiden Fragestellungen ergibt sich die Kardinalfrage der Zukunft: wie verändert sich die Arbeitswelt in der Zukunft? Damit verbunden ergeben sich Fragen nach der Verteilung der zukünftigen Produktivitätsgewinne, nach benötigten Qualifikationen, nach Arbeitszeitregelungen, nach möglichen Diskrepanzen zwischen Konsumption und Produktion usw. Schon in den 60er Jahren beschäftigte sich William Baumol mit den Folgen der Dienstleistungsgesellschaft.[50] Er unterschied zwischen dem Bereich progressiver Dienstleistungen, in dem durch Technisierung die Produktivität gesteigert werden kann, und einem nicht-progressiven Bereich, in dem die Arbeit selbst das Endprodukt ist. Die Auszahlung von Bargeld als Dienstleistung wird überwiegend durch Geldautomaten ersetzt, die Geschäftstätigkeit am Bankschalter reduziert sich somit weitgehend auf den Umtausch von ausländischem Geld und Beratungen.

---

[49] Hartmut Häußermann, Walter Siebel, Dienstleistungsgesellschaften, Frankfurt a.M. 1995, S. 32

[50] William J Baumol, Macroeconomics of Unbalanced Growth: The Anatomy of Urban Crisis, in : American Economic Review 57, S.416-426, 1967

Diese Dienstleistung entspricht dem ersten, produktionsorientierten Bereich, anders als zum Beispiel die Pflege von Kranken und Alten, der Unterricht im Bildungssystem oder die Busfahrt in den Urlaub. Nach Baumol ergibt sich aus der Unterschiedlichkeit der Produktivität beider Bereiche eine grundsätzliche Problematik, die er Kostenfalle der Dienstleistungsgesellschaft nennt. Sie ergibt sich aus vier logischen Entwicklungsschritten:

a. Die Produktivität der produktionsorientierten Dienstleistungen ist höher als die Produktivität der Dienstleistungen im nicht – progressiven Bereich. Tendenziell lässt sich feststellen, dass der Bedarf an nicht-progressiven Dienstleistungen steigt, bedingt durch die demographische Entwicklung (Gesundheits-und Pflegebereich) und durch ein Mehr an Freizeit. Gleichzeitig führt die technische Entwicklung zu einer Abnahme von benötigten produktionsorientierten Dienstleistungen, also zu einer asymmetrischen Dienstleistungsaufteilung.

b. Trotz unterschiedlicher Produktivitätsentwicklung bewegen sich die Löhne in beiden Bereichen gleich. – Diese Entwicklung deckt sich nicht mehr mit der Wirklichkeit, verweist aber dennoch auf die grundsätzliche Problematik der Bezahlung notwendiger Tätigkeiten, die produktfern verrichtet werden. Der gesamte Kulturbereich als Beispiel für produktferne Dienstleistungstätigkeiten schrumpft oder gerät zunehmend in eine Krise.[51] Die Ein-

---

[51]Siehe:http://www.mz-web.de/mitteldeutschland/rotstift-statt-taktstock-sparkurs-laesst-ostdeutsche-orchester-altern,20641266,26026770.html (23.08.2015); auch im Ausland drohen Schließungen wie in Rom (Chor und Orchester der Oper Rom), in Cordoba und beim dänischen Radiokammerorchester in Kopenhagen

führung des Mindestlohns sollte diese zunehmende Ungleichheit mindern, verschärfte jedoch die Finanzierungssituation der Kulturträger.

c. Lohnerhöhungen entsprechen nach Baumol in beiden Bereichen den Produktivitätszuwächsen des progressiven Sektors. Die weitgehend flächendeckende tarifliche Regelung des Dienstleistungssektors differenziert nicht nach den zwei aufgeführten Bereichen und führt somit zu einer Kostenfalle des Dienstleistungssektors.

d. Nach Baumol lässt sich die Kostenfalle nur durch eine ungleiche Lohnentwicklung und eine steuerliche Abschöpfung von Produktivitätsgewinnen durch den Staat lösen.

Die ungleiche Lohnentwicklung zeigt sich indirekt in der Zunahme sogenannter atypischer Beschäftigungsverhältnisse. Darunter versteht die Bundesanstalt für Arbeit Teilzeitbeschäftigung mit 20 oder weniger Arbeitsstunden pro Woche, geringfügige Beschäftigung sowie Zeitarbeitsverhältnisse. Ein Normalarbeitsverhältnis definiert sich als unbefristete Vollzeitarbeit mit Beschäftigung bei dem Unternehmen, mit dem der Arbeitsvertrag geschlossen wurde.[52] Diesen Trend dokumentieren Zahlen, so arbeiteten 1991 14,0% der Beschäftigten in Teilzeit, im Jahre 2010 bereits 26,7 %. Vor allem Frauen befinden sich mit 32% übermä-

---

[52] Siehe: http://www.heise.de/newsticker/meldung/Atypische-Beschaeftigung-Weniger-Zeitarbeit-und-Minijobs-mehr-Teilzeitarbeit-2465656.html (23.08.2015)

ßig in solchen atypischen Beschäftigungsverhältnissen, während die Quote bei Männern nur bei 11,7% liegt.[53] Frauenarbeit findet sich vor allem in dem Bereich Erziehung und Unterricht (69%), im Gesundheits- und Sozialwesen (77%), bei Unternehmensdienstleistern (50%) sowie in der öffentlichen Verwaltung (47%), kaum jedoch im verarbeitenden Gewerbe (27%) oder im Baugewerbe (13%). Es sind also weniger Lohndifferenzen als Arbeitsrahmenbedingungen, die zu einer differenzierten Entwicklung im Dienstleistungssektor führen, wobei in produktfernen Dienstleistungen wie im Gesundheits- und Sozialwesen oftmals niedrige Löhne gezahlt werden.[54] Doch hält die These von der Kostenfalle in der Realität stand? Die Sonntags-FAS berichtet in ihrer Ausgabe vom 7.12. 2014 vom „Segen der Rekordbeschäftigung".[55] Demnach hätten noch nie so viele Menschen gearbeitet wie heute, nämlich 43 Millionen Erwerbstätige im Oktober, davon 38 Millionen als Arbeitnehmer. 400.000 neue Arbeitsplätze wurden in den vergangenen zwölf Monaten geschaffen, die Minderausgaben für Arbeitslosengeld I und II sowie die Mehr-

---

[53]http://www.lohninfo.de/impuls_grafik_2012_17_4_rdax_518x600.jpg (06.12.2014)

[54] „Während der durchschnittliche Bruttostundenlohn in der Pharmaindustrie 2013 bei 31,79 Euro lag, wurden im Gesundheitswesen (Krankenhäuser, Arztpraxen, Apotheken, Praxen sonstiger medizinischer Berufe u.a.) 23,13 Euro gezahlt. Das wiederum ist deutlich mehr als die 17,69 Euro, die Beschäftigte in Heimen (ohne Erholungs- und Ferienheimen) pro Stunde bekommen. Noch etwas weniger (17,58 Euro) wird im Sozialwesen gezahlt." Quelle: http://www.aerzteblatt.de/blog/59799/Bei-den-Gehaeltern-liegt-das-Gesundheitswesen-ziemlich-weit-hinten ( 7.12.2014)

[55] FAS vom 7.12.2014, Überschrift des Artikels

einnahmen der Sozialversicherungen und Lohnsteuermehreinnahmen ermöglichten Einspareffekte für die öffentlichen Haushalte in Höhe von 66 Mrd. € für den Zeitraum von 2005 bis 2014.
Mehrere Ursachen sind für diese positive Entwicklung zu nennen. Die demographische Belastung wurde durch die Einführung der Rente mit 67 verringert. Heute sind mehr als 60% der
über 55 -Jährigen berufstätig, 1998 waren es nur 36%. Die Rentenkassen wurden somit entlastet und die Sozialkassen gefüllt.
Zweitens lebt die positive Wirtschaftsentwicklung vom Export.
„Fast jeder vierte Arbeitsplatz in Deutschland hängt vom Export
ab."[56] Der Exportüberschuss stieg – auch aufgrund von Strukturreformen von 11 Mrd. € (umgerechnet) im Jahre 1991 auf  65
Mrd. Euro im Jahr 1998, schließlich auf 159 Mrd. € im Jahre 2005.
2012 betrug er 188 Mrd. Euro. Drittens sanken in Deutschland
die Reallöhne im europäischen und weltweiten Vergleich in den
Jahren 2000 bis 2009, wie die FAZ berichtete: „Die Entwicklung
der Reallöhne in Deutschland hinkt im weltweiten Vergleich
deutlich hinterher. Zwischen 2000 und 2009 gingen die Löhne
preisbereinigt hierzulande um 4,5 Prozent zurück. Dies geht aus
dem „Global Wage Report 2010/2011" der Internationalen Arbeitsorganisation (ILO) hervor. In Norwegen, dem Spitzenreiter

---

[56] Siehe :
http://www.google.de/imgres?imgurl=http%3A%2F%2Fwww.bpb.de%2Fcach
e%2Fimages%2F3%2F52843-1x2-
artic-
le620.gif%253F30C6C&imgrefurl=http%3A%2F%2Fwww.bpb.de%2Fwissen%2
F4OHFAY%2C0%2C0%2CAu%25DFenhandel.html&h=520&w=620&tbnid=DnL
ro2uxT_jAmM%3A&zoom=1&docid=nkJjTXK46xJlpM&ei=A4qEVKjoBun_ygOJ
qoLQDg&tbm=isch&iact=rc&uact=3&dur=565&page=1&start=0&ndsp=25&ve
d=0CCsQrQMwAw (7.12.2014)

in der Lohnentwicklung, gab es dagegen einen inflationsbereinigten Lohnzuwachs von 25 Prozent.

Dafür meisterte der deutsche Arbeitsmarkt die Wirtschafts- und Finanzkrise nach ILO-Einschätzung im Gegensatz zu anderen Ländern „äußerst erfolgreich". Dazu beigetragen hätten flexible Instrumente wie Arbeitszeitkonten und die verbesserten Regelungen für Kurzarbeit."[57] Bemerkenswert zudem, dass die Arbeitskosten im privaten Dienstleistungssektor von denen im verarbeitenden Gewerbe um -19,7% abweichen.[58] Der „Segen der Rekordbeschäftigung" wird am Ende des Artikels zudem relativiert: „Zwar ist der Anteil der Erwerbstätigen unter den Frauen in den vergangenen zwei Jahrzehnten von rund der Hälfte auf 68 Prozent gestiegen. Gleichzeitig stieg aber auch die Zahl der Teilzeitkräfte, so dass die Gesamtzahl der Arbeitskräfte gleich geblieben ist."[59] Die positive Bestandsaufnahme darf nicht die Augen verschließen vor dem generellen Trend, auf den Baumol hingewiesen hat. Die erwähnten Strukturreformen der Agenda 2010 und die Rente mit 67 schufen eine Atempause, am grundsätzlichen Problem der Kostenfalle ändert sich nichts. Die Produkt - fernen Dienstleistungen, auch konsumorientierte Dienstleistungen genannt, nehmen zu und müssen finanziert werden. Dies geschieht durch  Einzahlungen in die Sozialkassen, durch Selbstbeteiligung oder durch staatliche Unterstützung. Konsumorientierte Dienstleistungen finanzieren sich nicht aus sich selbst

---

[57] Quelle: http://www.faz.net/aktuell/beruf-chance/recht-und-gehalt/ilo-bericht-deutschland-in-der-lohnentwicklung-hintendran-1654826.html (23.08.2015)

[58] http://www.boeckler.de/41624_41638.htm(23.08.2015)

[59] FAS vom 7.12.2014

heraus, weil sie mit keinem Erwerb verbunden werden können, also müssen sie von der Erwerbsarbeit irgendwie abgezwackt werden. In besonderem Maße sind soziale Dienstleistungen personalintensiv, individuell ausgerichtet und schwer standardisierbar.[60] Andreas Langer verweist in Auswertung mehrerer Untersuchungen auf die besondere Problematik sozialer Dienstleistungen und bestätigt somit indirekt die These Baumols. „Erstmals gehörten 2008 die sozialen Berufe zu den Top-Fünf des Arbeitskräftebedarfs. Darunter fallen beispielsweise Stellen für Sozialpädagogen / -innen und Erzieher / - innen sowie Krankenschwestern, Pfleger und Altenpfleger / -innen. Insgesamt steigt im Bereich der sozialen Dienstleistungen die Zahl der ungeförderten offenen Stellen (Erster Arbeitsmarkt) gegenüber dem Vorjahresquartal um 37%." [61] Neben dem Bedeutungszuwachs sozialer Dienste beschreibt der Autor in den Folgeausführungen den Kostenanstieg sozialer Dienstleistungen. Exemplarisch nennt er die Kostenentwicklung für Behindertenhilfe und Sozialpsychiatrie einschließlich der Betreuungskosten. So stieg die Zahl, die rechtlich nach § 1896 BGB betreut wurden im Zeitraum von 1998 bis 2005 um 61 % in den Fällen, jedoch um 131 % in den Kosten. [62] Im Dezember 2013 erkannten die Versorgungsämter 7,5 Millionen Menschen als Schwerbehinderte an, das entsprach einem Anteil von 9,3 % der Bevölkerung.[63] Fast ein Drittel der Behinderten waren 75 Jahre alt oder älter. Der demographi-

---

[60] Siehe zu diesem Themenbereich: Gerold Seibold, Konnexionen bei sozialen Dienstleistungen, Norderstedt 2008
[61] Andreas Langer, Persönlich vor ambulant und stationär, Wiesbaden 2013, S.74
[62] ebenda
[63] Quelle: Statistisches Bundesamt

sche Wandel wird in Zukunft stärker ins Gewicht fallen, zukünftige Präventivmaßnahmen und zunehmende Behandlungen führen zu Kostenerhöhungen, die erfahrungsgemäß mit Kostendämpfungspauschalmaßnahmen zu Lasten der Patienten oder des Pflegepersonals ausgeglichen werden. Der exemplarische Ausblick auf diesen Teilbereich verdeutlicht die Gesamtproblematik einer zunehmenden Bedürftigkeit von Dienstleistungen bei gleichzeitigem Finanzierungsdefizit. Inzwischen – wie der Kitastreik im Mai 2015 belegt – sensibilisiert sich die Öffentlichkeit zunehmend für die Wertigkeit von sozialen Berufen. Die Wertschöpfung und die Verantwortung sozialer Dienstleistungen entsprechen objektiv nicht der Angemessenheit der Bezahlung, sondern nur den bislang praktizierten Finanzierungsmöglichkeiten.

### c)  Das Sozialstaatspostulat

Die Grenzen des Wachstums auf bislang erreichtem hohen Niveau, die beschriebene Kostenfalle des Dienstleistungssektors sowie die Veränderungen der Arbeitswelt durch den technologischen Fortschritt wirken sich auf die sozialen Leistungen innerhalb des Sozialstaatsmodells aus. Nach Art. 20 unseres Grundgesetzes ist die Bundesrepublik ein sozialer Staat. Dieses Postulat wird noch einmal durch Art. 79,3 des Grundgesetzes geschützt, denn dieser Artikel hebt die Unveränderlichkeit von Artikel 20 GG hervor. Soviel zur rechtlichen Stellung des Sozialstaatsprinzips, die Umgestaltung dieses Prinzips obliegt freilich der Politik. In normalen Zeiten stehen Fragen, die sich mit der Gestaltung des Sozialstaats befassen, im Mittelpunkt der Nachrichten. Rente, Kita, Kindergeld, Arbeitsschutz, Hartz IV usw.

handeln von der Weite oder Enge der Grenzen des sogenannten sozialen Netzes. Bei der Frage nach dem Zusammenhang von Wirtschaftspolitik und Sozialsystem werden die meisten Befragten auf den Begriff der „Sozialen Marktwirtschaft" verweisen. Aber was genau versteht man unter der „Sozialen Marktwirtschaft"? Die Unkenntnis über diese wirtschaftstheoretische Grundposition beginnt schon in einer durch die Medien verbreiteten falschen Begriffsverwendung. Wie oft haben Sie als Leser im Zusammenhang mit der Finanzkrise von Vorwürfen über eine neoliberale Wirtschaftspolitik gehört oder gelesen? Eigentlich bezeichnet Neoliberalismus den Unterschied zum Klassischen Liberalismus und meint einen Ordnungsliberalismus im Sinne einer sozialen Marktwirtschaft. Heute steht Neoliberalismus missbräuchlich für eine ungehemmte Marktpolitik. Die Väter der Sozialen Marktwirtschaft unter Führung von Walter Eucken  zogen die Schlüsse aus der Krisenanfälligkeit nach der Weltwirtschaftskrise von 1929 und kreierten ein wirtschaftstheoretisches (neoliberales) Modell, das die Vorzüge der Marktwirtschaft beibehält, dem Markt aber Rahmenbedingungen auferlegt. Es lohnt, sich die sieben konstituierenden und vier regulierenden Prinzipien der Sozialen Marktwirtschaft in Erinnerung zu rufen, denn wir werden sehen, dass einige dieser Prinzipien in der Tat den aktuellen Ereignissen geopfert worden sind.[64] Beginnen wir mit den konstituierenden Prinzipen. Als erstes gilt die *Herstellung eines funktionsfähigen Preissystems vollständiger Konkurrenz"*. Genau dieses Prinzip funktioniert nach Falk Illing

---

[64] Die folgenden Verweise sind sinngemäß entnommen aus : Bernhard Keller, Wirtschaftstheorie und Wirtschaftspolitik in der Bundesrepublik Deutschland, Frankfurt a.M. 1990

nicht mehr: „ Übermäßige Geld-und Kreditschöpfung entstammen der Aufhebung marktwirtschaftlicher Prinzipien." [65] Sinngemäß argumentiert der Autor, dass ein marktwirtschaftliches Preissystem einem Knappheitsregulator unterliegt. Dieser Regulator ist in der Regel der Zinssatz, der je nach Bonität die Kreditvergabe beeinflusst. Benötigt ein Land oder ein Unternehmen einen Kredit, so entscheidet die Bonität, also die Wirtschaftskraft des Kreditnehmers über die Zuteilung oder die Bedingungen der Zuteilung. Benötigt z.B. die BRD einen Kredit und vergibt neu aufgelegte Staatsanleihen, dann werden diese nach Risikoeinschätzung auf dem Kapitalmarkt gekauft. Momentan (Stand März 2015) zahlt der deutsche Finanzminister für Staatsanleihen, also als Schuldner für Kredite, die er aufnimmt, 0,26% Zinsen bei einer zehnjährigen Laufzeit.[66] Luxemburg zahlt nur 0,16%, weist demnach eine noch höhere Bonität auf. Griechenland dagegen müsste auf dem Kapitalmarkt 10,65% bezahlen, wenn es nicht auf Gelder aus dem Rettungsschirm zurückgreifen könnte. Warum sind die Zinsen insgesamt so niedrig, wenn Wachstum zurückgeht und die Staatsverschuldung steigt? Die Ursache liegt an der EZB, die unbegrenzt Staatspapiere über Privatbanken aufkauft und den Leitzins auf 0,05% gesenkt hat. Damit wird eine Kreditaufnahme für Banken und Staaten erleichtert und eine Verteilung des Kapitals erfolgt somit nicht mehr nach Effizienz-Kriterien, da Kapital im Überfluss vorhanden ist. Sicherheiten und Risikobewertung spielen eine untergeordnete Rolle, das Preissystem hat somit nicht mehr die ihm durch die soziale

---

[65] Falk Illing, Vollkasko-Ökonomie, Angriff auf die Marktwirtschaft? Wiesbaden, 2014, S. 37
[66] http://de.statista.com/statistik/daten/studie/77722/umfrage/rendite-von-zehnjaehrigen-staatsanleihen-nach-europaeischen-laendern/ (23.08.2015)

Marktwirtschaft angedachte Bedeutung. In die gleiche Problematik fällt das zweite Prinzip: *Sicherung der Geldwertstabilität*. Die EZB erstrebt eine Inflationsmarke von 2%, die jedoch unterschritten wird. Mit einer lockeren Zins- und Geldpolitik sollen Deflationsgefahren abgewendet werden, doch bleibt umstritten, ob diese Deflationsgefahren überhaupt bestehen. Als primärer Verursacher einer abnehmenden Inflationsrate gilt der Ölpreisverfall, dieser wiederum wird verursacht durch ein Überangebot des Rohstoffs Erdöl. Angebot und Nachfrage funktionieren also in diesem Fall, eine niedrige Zinspolitik soll jedoch die Güternachfrage künstlich erhöhen und damit den vermeintlichen Preisverfall stoppen. Vernachlässigen wir die Prinzipien drei (*Öffnung der Märkte*), vier (*Privateigentum*) und fünf (*Vertragsfreiheit*). Prinzip sechs erweist sich als die kardinale Abweichung vom System der Sozialen Marktwirtschaft, es handelt sich um *das Prinzip der Haftung*. „Eine funktionsfähige Wettbewerbsordnung setzt voraus, dass wirtschaftliche Fehlleistungen durch Verluste und schließlich durch Konkurs bestraft und die Verantwortlichen haftbar gemacht werden."[67] Seit der Lehman-Pleite geistern die Begriffe „systemrelevant" und „too big to fall" in der Wirtschaftspolitik herum. Der Mangel an Haftbarmachung für Fehlleistungen gilt als gravierender Einschnitt in die Philosophie der Sozialen Marktwirtschaft. Staaten, Banken und Unternehmen, die risikolos tätig sein können, vernachlässigen die Marktgesetze, gehen Risiken ein und missachten bewusst langfristiges Effizienz-Kalkül. Für Illing gilt als eine der Ursachen die Verletzung des letzten konstituierenden Prinzips: *Konstanz der Wirtschaftspolitik*. Dieses Prinzip beinhaltet eine Abkehr

---

[67] Keller, ebenda, S.25

vom Keynesianismus. Bei der Erstellung des Konzepts der Sozialen Marktwirtschaft orientierte sich W.Eucken durchaus an den Grundideen des Klassischen Liberalismus innerhalb eines konkret benannten Ordnungsrahmens. „Die wirtschaftspolitische Tätigkeit des Staates sollte auf die Gestaltung der Ordnungsformen der Wirtschaft gerichtet sein, nicht auf die Lenkung der Wirtschaftsprozesse."[68] Die Anwendung der sieben konstituierenden Prinzipien bedurfte seiner Auffassung nach noch regulierender Korrekturen durch den Staat. In Auswertung der Erfahrungen der Ursachen der Wirtschaftskrise von 1929 steht der Grundsatz des Erhalts eines freien Wettbewerbs im Vordergrund, was bedeutet, dass Monopole zerschlagen oder unvermeidbare Monopole kontrolliert werden müssen. Als zweites Prinzip gilt eine ausgewogene Einkommenspolitik. Ausgewogen bedeutet, dass ein progressives Steuersystem sozial schwache Bevölkerungsschichten begünstigt, die Steuerprogression aber gleichzeitig nicht investitionshemmend wirkt. Wie weitsichtig die Väter der Sozialen Marktwirtschaft dachten, beweist das dritte regulierende Prinzip: *Wirtschaftsrechnung*. Kostengrößen, die in den einzelnen Unternehmen oder Haushalten unberücksichtigt bleiben, aber als gesellschaftliche (externe) Kosten anfallen, sollen in die Gewinn- und Verlustrechnung des Verursachers einfließen. Die Diskussion um die Einbeziehung externer Kosten erfasst schwerpunktmäßig die Umweltproblematik, aber auch soziale Folgekosten, Knappheit von Ressourcen, Energiefragen u.a. In der Wirtschaftstheorie befassten sich Pigou und Coase mit dieser Fragestellung, doch blieben diese Thematik und Problematik seltene Randthemen. Einerseits sind externe

---

[68] W.Eucken, Grundsätze der Wirtschaftspolitik, Tübingen 1952, S. 336

Kosten schwer zu erfassen, andererseits entstehen sie nachträglich, weil gesetzliche Regelungen wie Umweltschutzauflagen meist reagieren statt zu agieren. Der Aspekt der Wirtschaftsrechnung spielt eine größere Rolle als gedacht und bildet einen Hauptaspekt dieses Buches. So ermöglicht die Flexibilisierung der Arbeit vielmals gewünschte Teilzeitjobs mit der Folge einer zukünftigen Rentenkürzung. Die Vereinbarkeit von Flexibilisierung von Arbeit mit angemessener Altersversorgung müsste deshalb konzeptionell durchdacht und neu konzipiert werden. Das weiter unten aufgeführte Plädoyer zugunsten eines Staatsfonds mit sozialen Sicherungsmodellen wäre ein solcher Denkanstoß. Gleiches gilt für konzeptionelle Überlegungen bezüglich der Folgen für den Arbeitsmarkt durch den technischen Wandel. Generell sind weder Flexibilisierung der Arbeitswelt noch technischer Wandel aufzuhalten, im Gegenteil, in vieler Hinsicht sind sie mit Wohlfahrtsgewinnen verbunden wie Entlastung schwerer Arbeit oder Vereinbarkeit von Familie und Berufstätigkeit. Aber diese Gewinne dürfen nicht kurzfristig angelegt sein und zu Folgekosten führen, die entweder einzelne Individuen oder kollektiv Nachfolgegenerationen belasten. Der Begriff Wohlfahrtsmerkantilismus zielt in dreierlei Richtung: erstens die Erstellung eines Konzepts der Zukunftsgestaltung unter Berücksichtigung von Folgekosten. Zweitens die Bereitstellung von Instrumenten, hier konkret der Errichtung eines Staatsfonds nach sozialen Kriterien, drittens die Errichtung eines neutralen Instituts, bestehend aus nicht Partei gebundenen Fachleuten, die externe Kosten erfassen, Kriterien für Anreiz-Systeme ausarbeiten und somit eine geltende Grundlage für den Sozialstaatsfonds schafft. Diese Kriterien sollen später  in das Steuersystem einfließen und somit einen Prozess für einen marktwirtschaftlich orientierten Wettbewerbsrahmen einleiten, zugunsten eines langfristig angelegten Wohlfahrtsgewinns auch für zukünftige Generationen. Es handelt sich hierbei um politische Forderungen, die durchsetzbar sind und sogar als Modell dienen können, auch für an sich meist auf kurzfristigen Wahlerfolg orientierte Parteien. Der Staatsfonds orientiert sich – wie noch zu sehen sein wird- an Kriterien des norwegischen Staatsfonds, wo die ( sozialen ) Maßstäbe statt von staatlicher Seite von gesellschaftlich relevanten Gruppen erstellt werden. Es entspricht dem Sozialstaatsprinzip und den Vorstellungen einer sozialen Marktwirtschaft, wenn ein Staat klare Vorgaben formuliert, nach welchen Eckpfeilern die Pflöcke gesetzt werden, wie durch effektive Produktion ein gesellschaftlicher Nutzen entsteht. Die Balance zwischen gesellschaftlicher Wohlfahrt und betrieblicher Effektivität kann nicht erhalten werden, indem allein Kapital zur Verfügung gestellt wird, in der Hoffnung, materielles Wachstum zu erzielen und somit vermeintlichen gesellschaftlichen Gewinn zu erzeugen ohne Folgekosten wie Inflationsgefahr, Zukunftsanforderungen und externe Wohlfahrtskosten zu berücksichtigen. Durch die Verletzung des Haftungsprinzips und der Wirtschaftsrechnung geschieht eine Verletzung der Prinzipien der Sozialen Marktwirtschaft! Die Herausforderungen der Technisierung, der globalen Konkurrenz und der ökologischen Bedrohungen erfordern einen Orientierungsplan. Der Wechsel in der Energiepolitik dient hierbei als negatives Beispiel. Der Verkündung der Verlängerung der Atomlaufzeiten im Jahre 2010 folgte die Verkündung des Atomausstiegs und der Energiewende im Jahr 2011. Der Bundesrechnungshof beklagte für die Folgeentwicklung den fehlenden Überblick über die finanziellen Auswirkungen der Energiewende, unkoordinierte Maßnahmen, mangelnde Kontrolle sowie Unklarheit bezüglich der Verantwortlichkeiten (es befassen sich sechs Ministerien mit der Energiepolitik).[69] Paradigmenwechsel wie der energiepolitische Wandel darf nicht als „lernender Prozess" [70] beschönigt werden, er muss abgestimmte koordinierte Wegweiser setzen, die marktwirtschaftlich umgesetzt werden. Wohlfahrtsmerkantilismus sieht den Staat als ordnende Potenz, er entspricht in der Tradition der Sozialen Marktwirtschaft gemäß dem Slogan: Zunahme staatlicher Autorität – Abnahme der Staatstätigkeit. Die ordnende Potenz wird umso dringender benötigt, da die Wirtschaftswissenschaft offenbar an Grenzen stößt. Die gegenwärtige Situation ist geprägt von drei Erscheinungsformen: einmal geringes Wirtschaftswachstum, volatil zwar, insgesamt jedoch kein ausreichendes Wachstum um annähernde Vollbeschäftigung zu schaffen. Zum Zweiten einem Niedrigzins, der Wachstum und Investitionen ermöglichen soll. Als wirtschaftspolitische Impulsgeber fungieren offenbar Notenbanken mit ihrer Geldpolitik. „Gesunde" Staaten entschulden sich somit durch geringere Zinsbelastungen, „kranke" Staaten nutzen den Niedrigzins für weitere Schulden. Der Niedrigzins führt aber nicht zu den gewünschten Investitionsimpulsen, weshalb der Harvard Ökonom Lawrence Summers die These von der säkularen Stagnation wieder aufgriff.[71] Gleichzeitig, und damit kommen wir zum dritten Fakt, zeigt sich global ein Kapitalüberhang, der nach Anlagemöglichkeiten lechzt. Kapital, das in der Realwirtschaft keine oder ungenügende Rendite abwirft, wird spekulativ angelegt,-

---

[69] Siehe Süddeutsche Zeitung vom 20.8.2014
[70] ebenda
[71] Siehe : „Für immer in der Stagnation", FAS vom 12.4.2015

und genau das lässt sich in irrationalen Preissteigerungen auf dem Immobilienmarkt, bei Aktien oder Kunstgegenständen beobachten. Betrachten wir zum Beweis die Entwicklung von drei Wirtschaftsgrößen in den Jahren 2009 bis 2014. Beginnen wir mit den Zahlen des Wirtschaftswachstums für die vier wichtigen Wirtschaftsräume BRD, Eurozone, USA und Japan:

| Länder | 2009 | 2010 | 2011 | 2012 | 2013 | 2014 | Durchschnitt 2005-2010 |
|---|---|---|---|---|---|---|---|
| BRD | -5,6 | 4,1 | 3,6 | 0,4 | 0,1 | 1,5 | 1,3 |
| Eurozone | -4,5 | 2,0 | 1,6 | -0,7 | -0,5 | 0,8 | 0,8 |
| USA | -2,8 | 2,5 | 1,6 | 2,3 | 2,2 | 2,4 | 0,8 |
| Japan | -5,5 | 4,7 | -0,5 | 1,8 | 1,6 | 0,4 | 0,4 |

Quelle: EU-Kommission, OECD

Hohes Wachstum wird nur nach Krisen erzielt, im Schnitt liegen die Wachstumszahlen um die Einprozentmarke. Was bedeutet geringes Wirtschaftswachstum für die Arbeitslosenquote?

Arbeitslosenquote ausgesuchter Länder:

| Länder | 2009 | 2010 | 2011 | 2012 | 2013 | 2014 | Durchschnitt 2005-2010 |
|---|---|---|---|---|---|---|---|
| BRD | 7,6 | 7,0 | 5,8 | 5,4 | 5,2 | 5,0 | 8,6 |
| Eurozone | 9,6 | 10,2 | 10,1 | 11,3 | 11,9 | 11,6 | 8,7 |
| USA | 9,3 | 9,6 | 8,9 | 8,1 | 7,4 | 6,2 | 6,5 |
| Japan | 5,1 | 5,0 | 4,6 | 4,3 | 4,0 | 3,7 | 4,4 |

Quelle: EU-Kommission

Auch hier zeigt sich eine gewisse Konstanz mit z.T. großen Unterschieden in den einzelnen Ländern. Anlagekapital, das in die Realwirtschaft fließt, müsste Wachstum und Beschäftigung erbringen. Eine optimistische Wachstumserwartung lässt sich jedoch aus diesen Zahlen nicht deuten, und wo lassen sich Stimmungen besser ablesen als an den Börsen. Hier deren Entwicklung:

| Börsen | 2009 | 2010 | 2011 | 2012 | 2013 | 2014 | Anstieg |
|---|---|---|---|---|---|---|---|
| DAX | 4.810 | 5.957 | 6.914 | 5.898 | 7.612 | 9.552 | 98% |
| Dow Jones | 8.776 | 10.428 | 11.577 | 12.217 | 13.104 | 16.576 | 89% |
| Nikkei | 8.859 | 10.546 | 10.228 | 8.455 | 10.395 | 16.291 | 84% |

Jahresschlusskurse:

Quelle: http://www.boerse.de/historische-kurse/...

Offensichtlich reicht ein durchschnittliches Wirtschaftswachstum von 1 Prozent um Aktienkurse um über 80 Prozent steigen zu lassen. Ganz eindeutig verlagert sich der Kapitaleinsatz von der Realwirtschaft zur Finanzwelt, weil in der Realwirtschaft weniger Renditen zu erwarten sind als in der meist spekulativen Finanzwelt. Schauen wir zum Schluss noch auf die Staatsverschuldung im Jahre 2014. Das Maastricht-Kriterium für die Aufnahme in den Euroverbund betrug als Obergrenze 60 Prozent Staatsverschuldung in Relation zum BIP. Deutschland war 2014 mit 2,1 Billionen € verschuldet, das sind 74,8% des BIP.[72] Die USA verschuldeten sich mit 18,5 Billionen $, was 105% des BIP

---

[72] Alle Angaben bezügliche der Staatsverschuldung aus : www.statista.com

entspricht. Japan ist mit 1,1 Billiarden Yen und 243% des BIP weltweiter Spitzenreiter in der Verschuldungsskala. Daraus ergibt sich die Schlussfolgerung, dass Wachstum in der Realwirtschaft, so gering es sein mag, eher von staatlichen Konjunkturmaßnahmen ausgeht als von Investitionen privater Kapitaleigner. Als weitere Schlussfolgerung ergibt sich die Tatsache, dass offensichtlich genügend Kapital vorhanden ist, welches allerdings nicht in Dienstleistungen und Güter, sondern in Wertpapiere und Optionsscheine fließt. Wie also können Ersparnisse, Gewinne und Anleihen in die Realwirtschaft fließen und den Wohlstand vermehren anstatt in die spekulative Finanzwelt gehen? Vor allem stellt sich die Frage, wie eine Umlenkung dieser Kapitalflüsse geschehen soll, ohne die Grundpfeiler einer Marktwirtschaft zu erschüttern, also ohne dirigistische Maßnahmen anzuwenden, die die Vorteile des Marktes aushebeln. Es gilt also eine richtige Balance zu finden zwischen Markt und Erstrebenswertem! Der freie Markt entfesselte vor zwei Jahrhunderten die Industrialisierung, die Folgen der Industrialisierung mit der sogenannten „Sozialen Frage", also der Verelendung breiter Arbeitermassen, war nicht erstrebenswert. Gleiches gilt mit der Entfesselung technologischer Revolutionen im IT-Sektor, der globale Kommunikation, Handel, weltweiten Austausch u.a. ermöglichte, allerdings auch ungewollt risikoreiche Kapitalströme und neue, noch heftigere Blasen erzeugte und risikobehaftet bleibt. Diese Balance, so das Grundthema dieses Buches, kann nur durch zwei Leitsätze erzielt werden: einmal brauchen wir richtungsweisende Vorgaben für die Zukunftsgestaltung, zum andern benötigen wir ein wirksames Anreiz-System des Kapitaltransfers von den finanzwirtschaftlichen in die realwirtschaftlichen Bereiche, die einer erstrebenswerten

Zukunft Gestaltung verschaffen. Dabei muss der Staat – gemäß der klassischen Ideen der Sozialen Marktwirtschaft- neue Ordnungsrahmen schaffen und ethische, soziale und zukunftsweisende Normen formulieren und zur Geltung bringen. Diese Normen dürfen nicht im Sog von Parteienzank und Lobbyismus erstellt werden. Wir werden sehen, welche gesellschaftlichen Kräfte und Personen beispielhaft und auch vorbildlich im norwegischen Staatsfonds ethische Vorgaben setzen. Wir werden ebenfalls aufzeigen, dass Ersparnisse durch staatliche Sicherheiten in richtige Kanäle gelenkt werden können, zur Vermehrung des gesellschaftlichen und privaten Wohlstands. Um zu dieser Erkenntnis zu gelangen ist es hilfreich, Entwicklungsprozesse anderer Volkswirtschaften mit entsprechenden Schlussfolgerungen für die eigenen Gedankengänge zu untersuchen.

## IV Industrie- und Technologiepolitik

Die erfolgreichen Volkswirtschaften Asiens bestreiten einen marktwirtschaftlichen Weg mit staatlicher Direktive. Wie bereits bei der Beschreibung des Beijing Consensus dargelegt, basiert der Erfolg chinesischer Wirtschaftspolitik auf einer long-term-Planung. Staatliche Eingriffe und Präferenzbildung mit Hilfe von Staatsfonds zeigen merkantilistische Züge einer Volkswirtschaft. Der Autor Wolfgang Hirn fragt in seinem Buch „China gegen den Westen" unverblümt: „Kommt es zu einer Renaissance der Staatswirtschaft?" [73] Er verweist zuvor auf die Defizite westlicher Demokratien, deren Politiker in Horizonten von Wahlperioden denken und handeln, oder – den französischen Philosophen Alexis de Toqueville zitierend- man kümmere sich

---

[73] Wolfgang Hirn, Der nächste Kalte Krieg: China gegen den Westen, Frankfurt a.M,2013, S.189

nur um die Bedürfnisse des Augenblicks.[74] Dabei geht es in den asiatischen Volkswirtschaften allein um die Gewinnung von Marktanteilen, um Aufholeffekte und Wachstum um jeden Preis. Infolge des Wachstums - so diese Ideologie - entwickeln sich zunehmend eine Wohlstandsgesellschaft und eine neue Mittelschicht als Träger neuer Bedürfnisse. Die dafür notwendigen Ressourcen werden ebenfalls in long-term-Planung ungeachtet der Umweltbelastungen und ohne Rücksicht auf Menschenrechte von allen Kontinenten und Regimen besorgt. Wirtschaftstheoretisch widerspricht eine Industriepolitik der reinen Lehre der Marktwirtschaft, dennoch erfährt Industriepolitik in letzter Zeit eine Renaissance.[75] Ursachen dafür sind einmal das erfolgreiche chinesische Beispiel, zum andern die zunehmende Wachstumsschwäche der entwickelten Industrieländer, der mit staatlicher Lenkungs- und Stimulationspolitik Wachstumsimpulse gegeben werden sollen. Industriepolitik kann dabei unterschiedliche Formen annehmen. Stimuli und Konjunkturprogramme, aber auch Subventionen werden oftmals fragmentarisch zur Rettung oder zum Erhalt von Arbeitsplätzen eingesetzt.

Gezielter und langfristig orientierter ist die Förderung von Sektoren nationaler Wichtigkeit wie in der Rüstungsindustrie und im Energiesektor. Eine systematische Industrie- und Technologiepolitik gibt es in den westlichen Industriestaaten (noch) nicht, wohl in sog. emerging markets in Asien. Japan ging diesen Weg der gezielten Industriepolitik in der Nachkriegszeit und diente als Vorbild für asiatische Volkswirtschaften. Industriepolitik

---

[74] Ebenda S.181

[75] Sieh dazu den Artikel „The global revival of industrial policy, Picking winners,saving losers,5.August 2010, The Economist (http://www.economist.com/node/16741043/print/Zugriff 29.08.2013)

verläuft gegenwärtig auf zwei Schienen, einmal über die offizielle Schiene der Wirtschaftspolitik mit Maßnahmen der Steuererleichterungen, Subventionen, Staatsaufträgen, Einsetzen von Koordinationsinstrumenten, gezielter Wissensakkumulation usw. Die andere, verdeckte Schiene ist der Einsatz von Staatsfonds. Investitionen dieser Staatsfonds unterliegen strategischen Entscheidungen zugunsten wichtiger Industriezweige. Populär geworden sind Slogans wie Deutschland AG oder Japan Inc., gemeint ist eine zielgerichtet ausgelegte Wirtschaftspolitik anstelle eines atomistischen Marktgeschehens, deren Ergebnisse zum nationalen Nachteil gereichen könnten. Eine Bewertung diesbezüglicher neomerkantilistischer Konzeptionen fällt unterschiedlich aus, Erfolge stehen Misserfolgen gegenüber. Die Sichtweise bislang praktizierter Industriepolitik ist eine nationale, auf Zukunftswachstum ausgerichtete Verdrängungspolitik, soziale Gesichtspunkte ergeben sich lediglich als Folge von Wachstumserfolgen und sind nicht zielgerichtet beabsichtigt. Unsere Bestandsaufnahme als analytische Basis einer zukünftigen wirtschaftspolitischen Konzeption setzt sich dennoch mit den Ansätzen solcher, eher Markt lenkender wirtschaftspolitscher Konzeptionen auseinander, ohne das eigene Wertesystem aus dem Blickfeld zu verlieren. Wie noch dargelegt werden wird, ist eine Vereinbarkeit von langfristiger Orientierung und der Ausbau des Sozialsystems ist auch ohne Sinokapitalismus möglich, ja sogar notwendig. Beginnen wir kurz mit der Darstellung der japanischen industriepolitischen Konzeption, die den meisten asiatischen Ländern als Vorbild diente und interessante Ansätze bietet.

## a) Die japanische Industrie- und Technologiepolitik[76]

MITI bedeutet Ministry of International Trade and Industry und steht für eine enge Kooperation von Staat und Wirtschaft. In den Jahren 1955 bis 1988 nahm die japanische Wirtschaft um das neunfache zu, insofern steht MITI auch für den anfänglichen Erfolg des japanischen Wirtschaftswachstums. Das Ministerium galt als Leitzentrale japanischer Industriepolitik und vereinigte neben den klassischen Kompetenzen des Wirtschaftsministeriums auch Kompetenzen aus den Bereichen Forschung, Finanzen, Außenpolitik. William R. Nester titulierte die einflussreiche Epoche des MITI als „managed competition".[77] Folgendes Schaubild veranschaulicht die wesentlichen Aufgaben des MITI

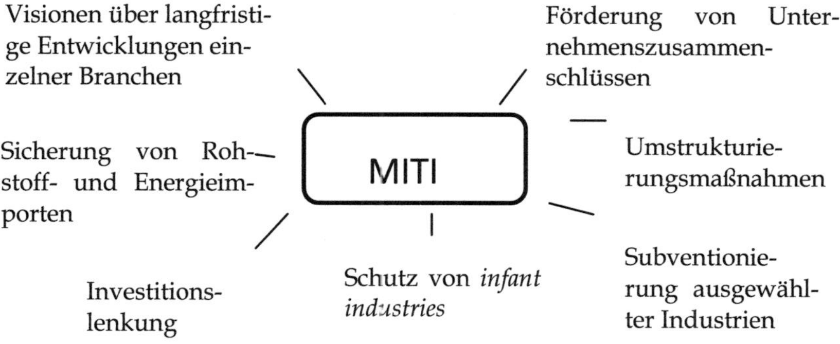


Das MITI umfasste ca. 12.000 Beschäftigte mit dem Legislativausschuss als wichtigstem Organ. Alle zwei Jahre wechselten die

---

[76] Die folgenden Ausführungen basieren vorwiegend auf dem Buch von Thomas Neuschwander, Mythos MITI, Analysen zum Wandel Politisch-Ökonomischer Systeme, Bd.5 Frankfurt a. Main, 1994

[77] W.R.Nestor, The foundation of Japanese Power: continuities, changes, challenges, New York 1990, S.283

Beamten ihren Arbeitsplatz. Die Strukturen des MITI verliefen horizontal wie vertikal und ergeben ein komplexes, schwer zu verstehendes Gebäude. Große Bedeutung erzielten die sog. councils, politische Beratungsgremien, die sich aus Vertretern der Politik, Wissenschaft, Journalisten, Unternehmen, Gewerkschaften und der Opposition zusammensetzten. Die enge Verflechtung zwischen politischen Gremien und Industrie kam auch dadurch zustande, dass Beamte in der Regel mit 55 Jahren aus dem Dienst ausschieden und danach in einem privaten Unternehmenssektor  arbeiteten. Begünstigt wurde das auf Konsens ausgelegte System durch die traditionelle Kooperationsmentalität der japanischen Gesellschaft sowie durch die monopolartige Regierungsmacht der liberal-demokratischen Partei LDP seit 1955 und den Folgejahren bis 1995. Die Ergebnisse dieser councils bildeten die Grundlage für Beschlüsse und Gesetze. MITI bestimmte in den unmittelbaren Nachkriegsjahrzehnten die Prioritätensetzung der japanischen Wirtschaft. Ein Beispiel: in den Jahren 1951-55 sah der erste Fünfjahreswirtschaftsplan eine absolute Schwerpunktsetzung für den Aufbau der Stahlindustrie vor. MITI veranlasste neben dieser Zielsetzung auch unterstützende Maßnahmen wie:

- Billige Investitionskredite durch die Japan Development Bank und durch Fonds
- Verbesserte Abschreibungsmöglichkeiten
- Befreiung von Importzöllen von wichtigen Ausrüstungsgütern
- Steuerliche Vergünstigungen

- Benachteiligung ausländischer Konkurrenz durch Lizensierung oder Devisenbewirtschaftung

Das Ministerium koordinierte im Verbund mit der Industrie nationale Interessen, förderte Forschung, ermöglichte Finanzierungen und schaffte günstige Rahmenbedingungen, auch gegen ausländische Konkurrenz. Die hohe japanische Sparrate ermöglichte den Rücklauf der Ersparnisse in die eigene Volkswirtschaft. Sonderkonditionierte Kredite für MITI geförderte Projekte wurden über ein staatliches Postsparsystem finanziert. Die neomerkantilistische Wirtschaftspolitik ermöglichte einen gezielten Aufbau der Schlüsselindustrien, die Japan zu einer führenden Wirtschaftsmacht führten. Mit zunehmendem Erfolg japanischer Firmen auf dem Weltmarkt emanzipierten sich jedoch Unternehmen wie Sony und Toyota vom Einfluss des MITI. Die Internationalisierung der japanischen Industrie erforderte auch eine Öffnung der Marktwirtschaft, japanische Unternehmen wurden global player, das Kontrollsystem des MITI „passte" nicht mehr in das fortgeschrittene Wirtschaftssystem. Neben der zunehmenden Integration Japans in der Weltwirtschaft „erlebte" Japan das Phänomen der Folgen endogener Wachstumsschwäche, obwohl die Wirtschaftsdaten zunächst andere Prophezeiungen zuließen. Japan wurde in den achtziger Jahren dank der Förderung der Hightech –Industrie zum Motor der weltwirtschaftlichen Konjunktur.[78] Drei Faktoren begünstigten den Aufschwung:

---

[78] Siehe dazu: http://zeitenwende.ch/finanzgeschichte/die-japan-krise-im-jahr-1990/ ( 5.09.2013)

a) Hohe staatliche Investitionsausgaben
b) Niedrigzinspolitik der Bank of Japan
c) Die Börseneinführung des staatlichen Telekommunikati-
   onsunternehmens NTT im Jahre 1987

Investitionsklima und Investitionsmöglichkeiten waren wie die Exportindustrie also bullish, doch insgesamt sanken die durchschnittlichen Wachstumsraten der japanischen Industrie, wenngleich auf hohem Niveau des Lebensstandards:

Durchschnittliche Wachstumsraten Japan[79]:

1952 – 1971        Ø 9,6 %

1972 – 1991        Ø 4 %

1992 - 2003        Ø 1,2%

„Billige Kredite und steigende  Aktienkurse verleiteten immer mehr Unternehmen, Investitionen anstatt in ihrem eigentlichen Geschäft lieber am Aktienmarkt zu tätigen."[80] Der Japanboom schlug sich im Nikkei-Index sowie auf dem Immobilienmarkt nieder. Der Nikkei-Index für japanische Aktien[81] stieg von 17.000 Punkten im Jahr 1987 auf fast 39.000 Punkte im Dezember 1989. Die Grundstückspreise stiegen exorbitant, die japanischen Grundstückswerte waren viermal so hoch bewertet wie die der gesamten USA.[82] Gleichzeitig stieg infolge der Rationalisierun-

---

[79]Siehe : http://www.econlib.org/library/Enc/Japan.html (23-08.2015)
[80] Ebenda :Zeitenwende.ch,page 1
[81] Ausländisches Kapital strömte zudem nach dem Plaza-Abkommen von 1985 mit der Aufwertung des Yen
[82] ebenda

gen die Arbeitslosigkeit. 1990 platzte schließlich die Blase und Japan rutschte in eine lange und tiefe Rezession. Die geringeren Staatseinnahmen und die als notwendig erachteten Konjunkturprogramme ließen zwangsläufig auch die Staatsverschuldung ansteigen. So stieg die Staatsverschuldung Japans, gemessen in Prozent vom Bruttoinlandsprodukt, von ca. 60% im Jahre 1990 auf ca. 220% im Jahre 2010! [83]  Zwei Schlussfolgerungen lassen sich aus dieser Entwicklung ziehen: erstens handelt es sich bei dieser Krise wie auch bei den aktuellen Verschuldungs-, €-Krisen oder wie immer sie man nennen möchte um eine Doppelkrise! Es sind halt nicht allein die Verwerfungen des Finanzsektors und die mangelhafte staatliche Kontrolle mit Deregulierungsmaßnahmen, die als Ursache der Krise benannt werden können. Diese Aspekte verschärfen die Krise, erhöhen die Potenz der Blase und die Negativfolgen. Vergegenwärtigen wir uns in einem Schaubild noch einmal den Verlauf der Krisenentwicklung, bevor wir zur zweiten Schlussfolgerung kommen:

Schema typischer Krisenentwicklung :

Phase 1:

<table>
<tr><td>

**Hohes Wirtschaftswachstum**

durch

- Industriepolitik / Förderung ausgesuchter Branchen
- Innovationen in neue Produkte
- Exportüberschüsse

</td></tr>
</table>

---

[83] Quelle: OECD, nachzulesen in : http://www.marktdaten.de/charts/eco/japan.htm ( 5.9.2013)

Phase 2:

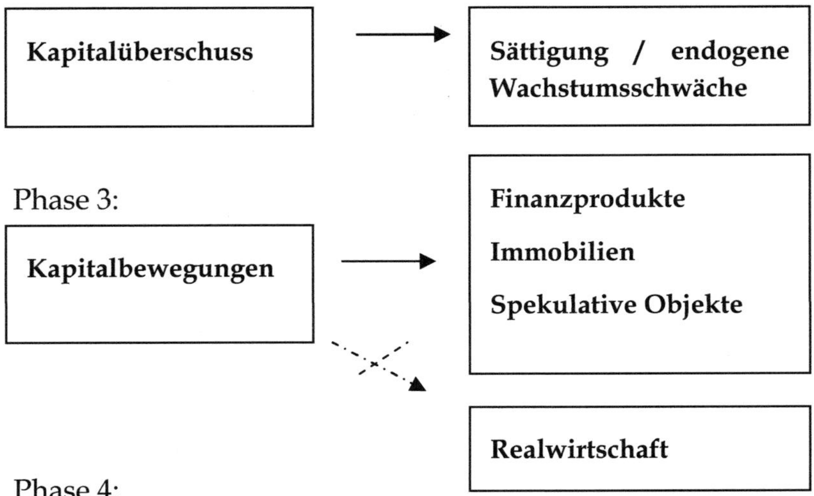



Das Schema zeigt, dass sich die staatlichen Aufgaben wandeln. Industriepolitik wird verstanden als Anschub für Wachstumsimpulse, Hilfen für vielversprechende neue Branchen, für verbesserte Weltmarktanteile usw. Deshalb ist Industriepolitik besonders erfolgreich in aufstrebenden Volkswirtschaften. Ab Phase 2 wechselt die Priorität staatlichen Handelns. Der Erhalt der infolge der Wachstumsschwäche gefährdeten sozialen Sicherungssysteme erfordert erhöhte Kapazitäten bei geringeren Einnahmen. Das Setzen von Wachstumsimpulsen mit den Zielsetzungen Entschuldung und Verbesserung der Arbeitsmarktsituation ist lediglich hohles Wahlkampfgerede und geht an der realen Bestandsanalyse vorbei. Japan gab seit 1990 über 1 Billion $ für Konjunkturprogramme aus, die nur zur höchsten Staatsverschuldung führten, aber nicht aus der Depression herausführten. Auch in Deutschland stiegen die Ausgaben des Bundes nominal zwischen 1992 und 2012 von 220 Mrd. € auf 312 Mrd. €,[84] ein Anstieg der Ausgaben um 42%. Im selben Zeitraum stiegen die staatlichen Ausgaben für die sozialen Sicherungssysteme um 105%, die Ausgaben für die Verkehrsinfrastruktur dagegen nur um 5%.

## b) Staatlicher Kapitalismus[85] mit Staatsfonds

Die Rückkehr des Staates gilt für Länder, die nach Wachstum gieren wie Singapur, Russland, Abu Dhabi und natürlich China als Erfolgsstory. Wirtschaftstheoretisch bedeutet ihre Erfolgsstory gleichzeitig einen Paradigmenwechsel. Als Hebel für staatlichen Einfluss in der internationalen Finanzwelt dienen überwiegend staatliche Fonds, gespeist aus Petro-Dollars oder Rohstofferlösen, die Anlagemöglichkeiten für Geldüberschüsse auf der Weltbühne der Finanzen ausloten und somit nicht unerheb-

---

[84] Diese und die folgenden Angaben aus: FAZ vom 5.9.2013, S.10

[85] Der Begriff ist entlehnt aus dem Artikel des economist mit dem Titel *Leviathan stirs again*, aus: http://www.economist.com/node/15328727 (30.09.2013). Die folgenden Ausführungen entspringen weitgehend dem Buch von Manda Sherimani, Sovereign Wealth Funds and International Political Economy, Farnsham 2011

lichen politischen Einfluss ausüben. Diese Staats-Fonds besitzen immenses Kapital, sind unterschiedlich transparent und werden von  diesen Staaten auch als stabilisierendes Element gegen die Krisenanfälligkeit internationaler Finanzsysteme eingesetzt. Sie nähren sich von Erlösen aus Rohstoffquellen, aber auch von Pensionsreserven, partiell von Schulden. Der reichste und zugleich interessanteste Fonds kommt aus Norwegen. Der Government Pension Fund-Global (GPF-Global) besitzt einen Kapitalwert von 737,2 Milliarden $, gefolgt von Fonds aus Saudi Arabien (SAMA) mit einem Wert von 675,9 Mill. $ sowie von dem Abu Dhabi Investment Fonds in Höhe von 627 Mrd. $.[86] Im Ranking folgen Fonds aus China, Singapur, Russland, Kuweit, Quatar und Australien, also vorwiegend Ländern der erfolgreichen emerging markets. Mit dem immensen Kapital werden unterschiedliche Ziele verfolgt, überwiegend natürlich die Zielsetzung der Geldanlage mit hoher Rendite. Mit dem Kapital können auch politische Zielsetzungen beabsichtigt sein, ferner die Förderung oder Schwächung bestimmter Regionen, Transfer von Know How, Beeinflussung internationaler Konkurrenz  usw. Allen Fonds gemein ist der staatliche Besitz, das Management  setzt sich meist aus externen Experten unter staatlicher Aufsicht zusammen. The Economist tituliert die Fonds als hybride Macht[87], erfolgreich, unheimlich und extern wirkend. Europäer und Amerikaner besitzen mit Ausnahme Norwegens keine staatlichen Fonds, sie entsprächen ihrer Ansicht nach auch eher einer neomerkantilistischen Philosophie denn einer marktwirtschaftlich

---

[86] Quelle : http://www.ibtimes.com/norways-sovereign-wealth-fund-top-15-around-world-1402003 (Zugriff 30.09.2013)

[87] Ebenda

orientierten Weltanschauung. So sind Staatsfonds in westlichen Volkswirtschaften auch verpönt, ja geradezu gefürchtet. Die FTD sprach im Zusammenhang von Russlands Staatsfonds von economic warfare.[88] Der Schutz sogenannter strategischer Sektoren wie Basisindustrien, Zukunftstechnologien und Schlüsselindustrien bei Versorgung und Energie wird an anderer Stelle militärsprachlich als „limitierte Planwirtschaft" tituliert.[89] „Die Machtposition des Westens scheint durch die „geballte Finanzkraft russischer und chinesischer Staatskonzerne bedroht...Denn gerade diese beiden Länder sind für manche fast so etwas wie ökonomische Schurkenstaaten."[90] Der Aufstieg der BRIC-Staaten [91] mit ihren Wachstumsraten und Devisenreserven wird als zunehmende Gefahr für die westliche Vorherrschaft gesehen. Bei der Financialisation wichtiger Projekte fungieren  Staatsfonds als Kapitalgeber für die Privatwirtschaft. Staatsfonds haben demnach Einfluss auf privatwirtschaftliche Unternehmen, vor allem auf Schlüsselindustrien. Andererseits schotten sich Staaten mit Mehrheitsbeteiligungen gegen ausländischen Einfluss ab, so Russland gegenüber Beteiligungen an der Öl- und Gasindustrie.- Bei vertiefter Betrachtung  bieten Staatsfonds jedoch auch Chancen für die Durchsetzung einer sozialen Wirtschaftspolitik. Nicht nur das, der staatliche Einfluss durch solche Fonds kann Kapitalströme in eine richtige Richtung lenken, nämlich in die Realwirtschaft und der Staat kann Einfluss nehmen auf die Sozialverträglichkeit von Produktion und Produkt. Nach unserer Betrachtung bieten sich bei weitergehender Auslegung des Charakters

---

[88] Siehe ftd vom 28.1.2008
[89] Stephan Kaufmann, Investoren als Invasoren, Berlin 2008, S. 14
[90] Spiegel vom 2.7.2007, zitiert nach St.Kaufmann, ebenda S. 33
[91] BRIC steht für Brasilien, Russland, Indien ,China

solcher Fonds immense soziale Entwicklungsmöglichkeiten! Es gehört zum Wesen solcher Fonds, dass staatliche Interessen und marktwirtschaftliches Wirtschaften in Einklang gebracht werden. Ein diesbezüglich rühmliches Beispiel bietet der norwegische GPF-Global mit den ethischen Richtlinien.[92] Offiziell wurde der Fonds 2006 etabliert als Zusammensetzung anderer Fonds. Neben der ursprünglichen Zielsetzung, der Unterstützung zukünftiger Pensionslasten zur Entlastung des norwegischen Staates, dient der Fonds als Anlage aus dem Ertrag der Ölvorkommen und als Sicherungsinstrument und Kompensation für Risiken liberalistischer Marktgefahren.[93] Das folgende Schema mit den dazugehörenden Erläuterungen soll die Wirkungsweise des GPF-Global veranschaulichen:

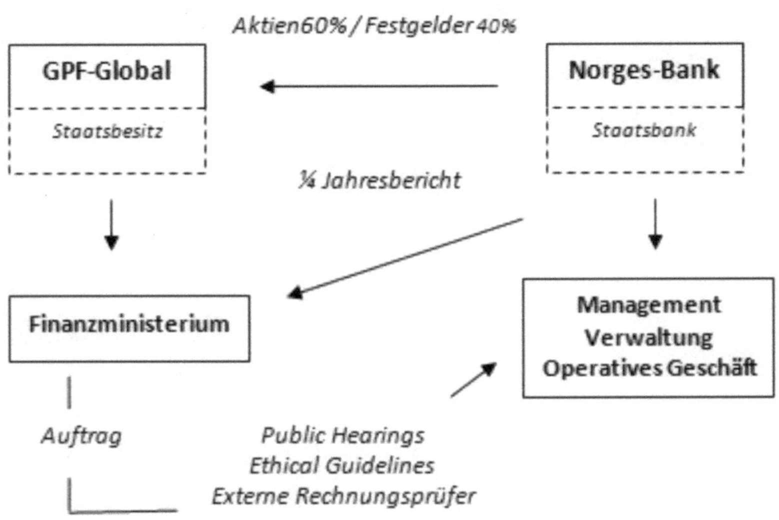


---

[92] Non-economic guidelines oder ethical guidelines
[93] Siehe auch M.Shemirani, ebenda S.28/29

Die steuerlichen Erträge aus den Erlösen der Nordseeölgeschäfte fließen in den Fonds, dessen formaler Besitzer der norwegische Staat ist, unter Federführung des norwegischen Finanzministeriums. Die Geschäfte, das Management sowie die Verwaltungsaufgaben obliegen der norwegischen Staatsbank, die auf den internationalen Finanzmärkten in stimmberechtigte Aktien oder in Staatspapiere investiert. Die Wahl der Auslese obliegt dabei ethischen Richtlinien, deren Grundsätze 2005 festgelegt und 2008 evaluiert worden sind. An der Evaluierung beteiligten sich neben Finanzinstituten auch akademische Wissenschaftler, Kooperationen und NGOs.[94] Die ethischen Grundsätze beinhalten fünf Verbotskriterien für Gesellschaften, namentlich:

- Menschenrechtsverletzungen
- Ernsthafte Verletzungen von Individuen in Konfliktfällen oder im Krieg
- Verursachung ernsthafter Umweltschäden
- Korruption
- Sonstige Verletzungen fundamentaler ethischer Normen

Von Firmen oder Staaten, die diesen ethischen Grundsätzen nicht entsprechen, werden von dem Fonds weder Aktien noch Staatspapiere erworben. Gibt es Hinweise auf Verletzungen dieser ethischen Normen bei im Fonds besitzenden Assets, wird eine Untersuchung eingeleitet. Ein negatives screening bedeutet, dass die Wertpapiere verkauft werden, der Grund des Verkaufs wird veröffentlicht. Im Jahre 2009 wurden fünf Firmen aus dem Portfolio des Fonds verbannt, unter anderem mit Barrick Gold (Kanada) das größte Goldminenunternehmen der Welt, weil es

---

[94] NGO = non governmental organisation wie z.B. Greenpeace

Umweltauflagen verletzte. Das chinesische Unternehmen Dongfeng Motor Group verkaufte Lastwagen an die Militärjunta in Burma, Elbet Systems (Israel) produzierte Überwachungssysteme, die US-Firma Textron entwickelte auf der Verbotsliste stehende Waffen. In einer Pressemeldung vom 13.März 2009 verkündete das GPF - Management Untersuchungen gegen die deutsche Firma Siemens wegen Korruptionsvorwürfen. Andererseits wurden 2009 die Firmen Thales und DRD Gold Limited wieder rehabilitiert und in das Portfolio aufgenommen, nachdem die ethischen Verwerfungen korrigiert worden sind. Aktuell stehen die Ölmultis Shell und Eni unter Beobachtung, zudem wurden fünf weitere Firmen auf die schwarze Liste des Fonds gesetzt. [95] Der Fonds übt als größter staatlicher Fonds der Welt finanziellen und moralischen Einfluss auf das Verhalten von Unternehmen und Staaten aus. Finanziell, weil Assets in Millionenhöhe die Kurse beeinflussen können, moralisch durch die Veröffentlichung ihrer Untersuchungen. Die Nachricht von den Korruptionsvorwürfen gegen Siemens stand in jeder Tageszeitung und diente nicht dem Image der Firma. In einer Pressemitteilung vom 3.April 2009 kündete das Finanzministerium eine Ausweitung und Vertiefung der ethischen Normierung an:

*After a broad evaluation of the ethical guidelines for the Government Pension Fund – Global, the Government is now planning a more active and more cohesive perspective on the ethical management: consideration of environmental and social aspects and good corporate governance*

---

[95] Es handelt sich um zwei malaysische Holz- und Gummiplantagenbetreiber, einen chinesischen Minenkonzern, ein peruanisches Unternehmen sowie eine indische Firma, der zur Last gelegt wird, Kinder zu beschäftigen. Quelle: FAZ vom 15.10.2013, S.16

*are going to be integrated to a greater extent as relevant factors in all aspects of the management of the Fund.*[96]

Konkret wurden Klimawandel, Wassermanagement und Kinderrechte in den Kriterienkatalog aufgenommen. Die Manager des Fonds müssen einen vierteljährlichen Bericht abliefern und werden von externen Experten kontrolliert. Sie haben keinen Einfluss auf die ethischen Kriterien und kein Mitspracherecht über den Ausschluss von Unternehmen aus dem Fonds. Insgesamt entspricht die Fondsverwaltung demokratischen Prinzipien, der Umgang auf dem Kapitalmarkt mit den Firmen, deren Aktien im Besitz des Fonds sind, geschieht fair. Verkäufe von Aktienpaketen werden zwei Wochen nach dem Verkauf bekannt gegeben, um Manipulationen, die bei vorab getätigten Ankündigungen möglich wären, zu vermeiden. Dennoch setzt die Fondsverwaltung mit den ethischen Richtlinien politische Zielsetzungen und mit ihrer konsequenten Durchsetzung eine politische Agenda. Betriebswirtschaftlich diskutiert man bei der Fondsverwaltung aktuell, wie auf die Veränderungen auf den Finanzmärkten reagiert werden soll. Die 60/40-Aufteilung zwi-

---

[96] Quelle:
http://www.regjeringen.no/en/search.html?querystring=&navigators=dccate
goryidtaxono-
my,S,%5EEPI9397/EPI11809,S,Tema+ID+Taxonomy,S,EPI9397/EPI11809,AND,
%5EEPI9397/EPI11809/EPI2546714,S,EPI9397/EPI11809/EPI2546714&offset=
60&sortby=dcdate&filters=%2Bshowforlanguages,en,,%3C%3Edcdate,min,20
13-09-
11T05:19:25Z,,%2Bdctypestatus,gyldig,,%2Bdctypename,!underside&hits=20
&searchview=governmentensppublished&solution=gov&lang=en&id=86008
( 2.10.2013)

schen Aktien- und Anleihepaket[97] führte zu einer Asymmetrie der Gewinnmargen. Die Kursgewinne an den Aktienmärkten erbrachten eine überdurchschnittliche Rendite von 7,6 % im dritten Quartal 2013, während die Rendite für Anleihen gering ausfiel. Insgesamt erzielte der Fonds eine Rendite von 5%, das Gesamtkapital betrug im September 2013 580 Mrd €. Als Konsequenz dieser Entwicklung diskutiert man über die Aufteilung des Fonds in zwei kleinere Einheiten, auch soll wegen des Wechselkursrisikos breiter geographisch gestreut werden. Insgesamt erwirtschaftete der Fonds seit 1998 jährlich 5,5 %, nach Abzug der Inflation und der (geringen) Verwaltungsgebühren ergab sich eine Nettorendite von 3,4 % im Jahr.[98]

Ein anderes Beispiel stellt der russische National Wealth Fund (NWF) dar. Er wurde 2008 als Absplitterung des Stabilisations-Fonds aus dem Jahre 2004 gegründet. Ursprüngliches Ziel war die Bereitstellung von Ressourcen für staatliche Pensionsverpflichtungen. In der Tat gehen nach Schätzungen 10% der Einnahmen in die Pensionskasse.[99] NWF ist eine der am wenigsten transparenten Fonds, selbst das Fondvermögen kann mit rund 90 Mrd. $ nur vage taxiert werden. Bemerkenswert und aufschlussreich für das Verständnis der Errichtung solcher Staatsfonds ist die Entstehungsgeschichte. Die Zeit zwischen dem Zusammenbruch des Sowjetreiches und dem Jahr 1998 war geprägt von hoher Inflation, wirtschaftlicher Destabilität, fallenden Aktienkursen, dem Zusammenbruch russischer Banken sowie der

---

[97] Exakt gibt es einen Aktienanteil von 63,6 %, einen Anleihenanteil von 35,5 % sowie einen Immobilienanteil von 0,9 %. Quelle: FAZ vom 29.10.2013, S.17
[98] Zahlen aus FAZ vom 29.10.2013, S.17
[99] Siehe Manda Shemirani, ebenda S. 127/128

Anhäufung von Schulden im Ausland. Die Situation verschärfte sich mit der Asienkrise des Jahres 1997. Einige Zahlen verdeutlichen das Ausmaß der Krise: das BIP nahm im Jahre 1998 um 4,6 % ab, die Inflationsrate stieg auf 85,5%. Im Grunde war Russland insolvent, belegt durch das Drei-Monats-Moratorium für die Bedienung fälliger Fremdwährungskredite.[100] Die Wende begann im Jahr 1999. Ausgaben wurden ebenso wie Steuerprivilegien gekürzt, zudem fand eine Umschuldung durch den Londoner (Banken-)Club in Höhe von 32 Mrd. $ statt, nachdem 11,6 Mrd. $ erlassen worden waren. Vor diesem Hintergrund wurde am 1. Januar 2004 der Stabilitätsfonds gegründet. Er sollte die Einnahmen des entdeckten Öls sterilisieren, somit Inflationsgefahren kontrollieren und Haushaltsdefizite ausgleichen. Der Fonds unterstand dem russischen Finanzministerium und war so erfolgreich, dass er Haushaltsdefizite ausgleichen, ausländische Schulden tilgen und Pensionszahlungen tätigen konnte. Er investierte in ausländische Währungen oder ausländische Staatspapiere. Der Stabilitätsfonds stabilisierte in der Tat die russische Wirtschaft, auch zum Nutzen der ausländischen Gläubiger. Im Juni 2006 wurden mit der Restrate von 23,7 Mrd.$ die ausländische Verbindlichkeiten gegenüber dem Pariser Club zurückgezahlt. Im Jahre 2008 wurde der Stabilitätsfonds in einen Reservefonds und in den NWF gesplittet. Letzterer sollte durch aktive Managementpolitik für einen Ausgleich des zu erwartenden Rentendefizits sorgen. Er startete mit einem Volumen von 32 Mrd. $, gespeist durch Überschüsse aus den Öl-und

---

[100] Daten aus : http://www.bpb.de/apuz/25451/die-finanzkrise-in-russland-im-gefolge-der-asienkrise?p=all (23.08.2015)

Gasexporten, absorbiert von den Gewinnen des Reservefonds. Die Anlagen des NWF waren konservativ ausgelegt, vorwiegend in stabilen ausländischen Währungen und ausländischen Schuldscheinen, die von den Ratingagenturen mindestens AA-bewertet wurden. Diversifizierung und konservative Anlagepraxis waren auf einen langfristig angelegten Gewinn ausgelegt. Für diese long-term-Strategie stand der Finanzminister Kudrin, der durch Putin und weitere Kabinettsmitglieder jedoch Gegenwind bekam. Die Gruppe um Putin plädierte für eine progressive Verwendung des Fonds, konkret für kurzfristig ausgelegte politische Ziele. Der Machtkampf endete mit der Entlassung Kudrins im Jahre 2011 durch den damaligen russischen Präsidenten und Putin-Freund Medwedew. Die Ereignisse zeigen die Zerrissenheit in der Zielsetzung dieses Staatsfonds. Ein konservativer Teil des Regierungsapparats verbindet mit dem Staatsfonds eher die Schaffung einer Stabilisierungsgrundlage, ein anderer Teil sieht eher die Chancen aktiver Wirtschaftspolitik und politisch kalkulierter Einflussnahme. Im speziellen russischen Fall kommt noch hinzu, was in der Ökonomie als rent seeking bezeichnet wird, die Einflussnahme von Lobbygruppen, politischen Seilschaften und Bürokraten. Welchen Wandel der NWF seit dem erzwungenen Rücktritt Kudrins erfahren hat, zeigt sich in der Nachricht vom 26. Juni 2013 in der Moskau Times.[101] Präsident Putin plant den Ausbau einer Hochgeschwindigkeitsstrecke zwischen Moskau und der 800 km östlich gelegenen Stadt Kazan. Das Projekt soll rund 29 Mrd. $ kosten, wovon ein Großteil durch den NWF finanziert wird. Die Bahnstre-

---

[101] http://www.themoscowtimes.com/news/article/russia-to-join-the-high-speed-rail-club/482312.html (24.10.2013)

cke soll 2018 fertiggestellt werden, aber erst in 15 Jahren Profite abwerfen. Im Gegensatz zur vorherigen konservativen Strategie investiert der NWF in Infrastrukturmaßnahmen, die sich langfristig auszahlen sollen.

### c)  Zwischenfazit und Bewertung

Welche Erkenntnisse lassen sich aus den Ausführungen ziehen?

Erstens: eine aktive und erfolgreiche Industrie- und Technologiepolitik ist möglich (siehe Japan in den ersten Nachkriegsjahrzehnten). Sie fruchtet besonders in Volkswirtschaften mit Nachholbedarf wie in Asien und Russland. Als Instrumente dienen Kooperationsformen zwischen Wirtschaft und Staat mit starken Regulativen oder indirekten Einflussnahmen auf Projekte, die mit Hilfe von Staatsfonds finanziert werden. In Volkswirtschaften dieses Stadiums besteht ein Nachholbedarf an technologischem know how, weshalb mit mehr oder weniger lauteren Mitteln Technologietransfer aus (noch) überlegenen Volkswirtschaften erstrebt wird.

Zweitens: Staatsfonds dienen als Puffer bei Finanz- und Wirtschaftskrisen. Das nicht unbeträchtliche Kapital erfüllt den Zweck als „last resort", da die meisten Fonds dem Finanzministerium unterliegen oder gehören. Dieser Rückgriff auf den Staatsfonds  galt übrigens auch für den norwegischen Fonds angesichts der Finanzkrise 2008. Gerade die Geschichte des russischen Fonds unterstreicht die enormen Möglichkeiten einer stabilisierenden Wirkung in Krisenzeiten.

Drittens: Staatsfonds bieten die Möglichkeiten, Kapital sinnvoll in die Realwirtschaft zu leiten. Diese Tatsache gilt unabhängig von der Kapitalbasis, d.h. auch unabhängig davon, ob sich der Fonds durch Ölüberschüsse speist oder durch sonstige Kapitalanleger. In Norwegen und Russland wurde aus dem Glücksfall der Rohstoffüberschüsse eine Tugend gemacht, indem das Kapital in der Realwirtschaft gebunden worden ist. Gleiches könnte- wie unten vertieft wird- durch Spareinlagen für Pensionen / Renten getätigt werden. Die Kapitalanlage in einem seriös geführten Staatsfonds wie in Norwegen  sichert eine private Zusatzrenteneinnahme eher als eine Einlage in Produkte eines Finanzinstituts, dessen Anlageverhalten weitgehend anonym bleibt. Diese Aussage basiert auf Erfahrungswerten des letzten Jahrzehnts, spätestens seit der Lehman- Pleite im Jahre 2008. Natürlich werden Staatsfonds nicht die ganze Palette von Finanzprodukten abdecken, aber sie können als Bewertungsmaßstab gute Dienste leisten. Ihre Kapitalgröße, Transparenz und Zielsetzung verhelfen zu einer Attraktivität, vorwiegend für eine Klientel, die spekulative Anlageformen vermeiden möchte. Vereinfacht ausgesprochen: der Sparer, der eine Zusatzrente erstrebt, wird mit einer Nettorendite von ca. 3,5 %( als diesbezügliche Basis  dient der norwegische Fonds) eine zufriedenstellende Langzeitperformance erzielen, der Anleger, dem diese Marge zu niedrig ist und deshalb eher spekulative Anlageformen bevorzugt, muss das höhere Risiko in Kauf nehmen. Nach unserer Auffassung beinhaltet dies auch die Haftung für den eventuellen Kapitalausfall und nicht die staatliche Rettung. Weitere Variationen der Kapitalanlage über Staatsfonds sind kreativ möglich und werden weiter unten vorgestellt.

Viertens: Staatsfonds können gezielte Anreize schaffen, indem förderungswürdige Branchen präferiert werden. Durch Parzellierung des Fonds kann auch Risikokapital für start-up – Unternehmen bereitgestellt werden. Die Transparenz der Anlageform verstärkt das Anreiz-System: die Investition in eine Firma durch den Staatsfonds bedeutet ein Qualitätsmerkmal, das als Gütesiegel kenntlich gemacht wird und somit eine höhere Bonität erzielt.

Fünftens: Staatsfonds bieten die Chance, durch Einbezug nicht - staatlicher, aber gesellschaftlich relevanter Gruppen  ethische Normen aufzustellen. Wirtschaftliches Expertenwissen und soziale Kompetenz können von außen auf das Normensystem und auf Handlungsweisen des Staatsfonds Einfluss nehmen. Politische Entscheidungen werden dadurch in einem gesellschaftlichen Konsens getroffen. Selbst unterschiedliche Richtungen innerhalb der Entscheidungsgruppe können durch Diversifizierung realisiert werden, gegebenenfalls revidiert werden. Investitionsentscheidungen stehen in diesem Staatsfonds immer in vorgegebenen zeitlichen Abständen zur Überprüfung, die Debatten über Entscheidungen und Analysen der wirtschaftlichen Gegebenheiten werden transparent gemacht. Veränderungen, also Kauf / Verkauf von assets werden begründet.

Sechstens: Staatsfonds bieten die Möglichkeit der Diversifizierung und geographischen Streuung. Die Höhe des Kapitals ermöglicht eine Vielfalt von Investitionen und Schwerpunktsetzungen. Diese können verlagert, neu definiert  oder umstrukturiert werden. Staatsfonds können in Unterfonds unterteilt werden, die vorgegebene Dreiteilung von Aktien, Immobilien und Staatspapieren strukturiert dies bereits vor. Investitionen können politisch gewollt für den Wiederaufbau in internationale Krisengebiete gelenkt werden, unter Beachtung der ethischen Kriterien, die auf dem Konsens breiter gesellschaftlicher Gruppen basieren.

Siebtens: Staatsfonds können Gewinne sinnvoll binden und somit Fehlallokationen vermeiden. Gewinne werden in realpolitisch sinnvolle Projekte reinvestiert und nicht als Spielgeld in Form von Derivaten oder anderen spekulativen Finanzprodukten in der Finanzwelt angeboten. Langfristig stellt das Projekt Staatsfonds einen Wertmaßstab dar, dem seriöse Finanzinstitute in den Investitionsentscheidungen nacheifern werden.

Achtens: Durch Staatsfonds können verloren gegangene Formen einer korporativen Wirtschaft wiederbelebt werden. Die konkrete Frage nach Sinn und Zielsetzung des Wirtschaftens ist nicht die Frage nach Privatbesitz oder Staatswirtschaft, also keine Systemfrage. Die Beantwortung dieser Frage muss vielmehr dahingehend beantwortet werden, wie es uns gelingt, ein marktwirtschaftliches System zu entwickeln, das soziale Folgekosten minimiert und Wohlfahrtsförderung prämiert. In diesem Sinne können sich Staatsfonds zu einem  Instrument zur Förderung von Ökonomie 3.1 entwickeln.[102]

Neuntens: Staatsfonds können Entwicklungspolitik ergänzen bzw. ersetzen. Staatsfonds investieren das ihnen anvertraute Kapital in Unternehmen in den Entwicklungsländern selbst oder in Unternehmen, die vor Ort kooperieren oder wirtschaftlich tätig sind. Solche Verbindungen unterliegen den ethischen Vor-

---

[102] Siehe: D.Baer,B.Fadavian, A.Eghbalpour, Ökonomie 3.1, Social Skilled Production, Hamburg 2012

gaben mit der Zielsetzung einer win-win-Situation für die beteiligten Länder.

Zehntens: Staatsfonds unterstützen Renten- und Pensionskassen, verhelfen zu einer Grundsicherung und beugen demographischen Fehlentwicklungen vor. Staatsfonds investieren marktwirtschaftlich und vergeben keine Sozialgeschenke, aber sie investieren nach ethischen Vorgaben und beeinflussen diese gesamtgesellschaftlich.

## V Deutscher Staatsfonds

### a)  Generelle Zielsetzung

Wie also aus dem Dilemma zwischen Wachstumsschwäche und Sozialstaatsanspruch gelangen? Das Einschlagen des chinesischen Weges ist gleichbedeutend mit der Kapitulation des Sozialstaats. Der Ausbau des Sozialstaats führt nach herkömmlicher Denkart nur über Wachstum, welches aber – wir erinnern uns an Keynes´ richtiger Prognose  der endogenen Wachstumsschwäche entwickelter Volkswirtschaften- nicht in ausreichendem Maße erzielbar ist. Aus diesem Widerspruch heraus resultieren weitere unangenehme Konsequenzen. Wachstum wird überwiegend durch staatliche Maßnahmen erzeugt, vor allem in konsumorientierten Dienstleistungen, die zunehmend benötigt werden ( Pflege, Bildung), aber deren Kosten steigen ohne einen adäquaten komparativen Kostenausgleich. Es klingt banal: solange sie im Arbeitsleben produktiv zur Wertschöpfung beitragen, tragen sie zur Finanzierung sogenannter nicht produktiver Dienstleistungen bei. Werden sie jedoch 100 Jahre  alt oder noch älter, was ich jedem Leser bei guter Gesundheit wünsche, so zwacken sie aus der Wertschöpfungskette einen Beitrag ab. Versuche die demographische Entwicklung  und sonstigen Wohlfahrtskosten in dem laufenden Prozess zu berücksichtigen, sind mit Einschränkungen und (Staats)kosten verbunden, und somit wären wir wieder bei dem Anfangsdilemma. Die Aufrechterhaltung bzw. die Verbesserung des sozialen Niveaus durch staatliche Maßnahmen führen entweder zu höherer Staatsverschuldung, größerer Belastung der Sozialkosten oder eben zu Leistungskürzungen, die oftmals versteckt oder in kleinen Schritten geschehen und die letztlich zu einer Senkung des Sozialniveaus führen. Arbeitsplätze werden ohne Wachstum nicht geschaffen, zudem besteht der überwiegende Bedarf in Dienstleistungsbereichen, die nicht unmittelbar zum Wachstum und zur Produktionssteigerung beitragen. Mit der Wachstumsschwäche, der Verlagerung auf konsumorientierte Dienstleistungen [103] (Kostenfalle der Dienstleistungsgesellschaft) , der zunehmenden Staatsverschuldung bei  je nach Konjunkturlage stagnierender oder steigender Arbeitslosigkeit stehen die vier apokalyptischen Reiter vor der Zukunft des Sozialstaats. Die fünfte Gefahr der Knappheit der Ressourcen, der abnehmenden Umweltverträglichkeit und der gesundheitlichen Belastungen [104] sowie des Raubbaus der Natur steht als vielleicht größte Bedrohung vor der Zukunft dieser und der Folgegenerationen. Schließen wir den  symbolischen Höllenritt mit der eigentlich frustrierenden Erkenntnis ab: es gibt keinen gesamtstaatlichen Plan von Satisfi-

---

[103] Siehe oben: Baumols Theorie der Kostenkrankheit
[104] Siehe dazu: http://www.spiegel.de/wissenschaft/mensch/globale-umweltverschmutzung-dicke-luft-bringt-millionen-menschen-den-tod-a-788562.html ( 23.04.2014)

cing[105] im Sinne von Bereitstellung von Gütern und Dienstleistungen im annähernden Gleichgewicht zwischen Produktion und Konsumption einerseits und Sozialstaat andererseits unter Berücksichtigung der oben erwähnten Herausforderungen. Der Begriff des Satisficing drückt einen Prozess und gleichzeitig eine Zielorientierung aus, und er verlangt Praktikabilität. Fragmentarisch finden wir natürlich in den Sonntagstalkshows und in der vielfältigen Literatur Verweise auf das Gesagte, vor allem Warnungen und moralische Vorhaltungen. Wie aber können wir praktische Abhilfe leisten, wie die Problematiken ins Bewusstsein breiter Bevölkerungskreise bringen, ein Konsens fähiges Konzept schaffen und dies alles gleichzeitig bei einer seriösen Finanzierungsgrundlage? Satisficing kann als soziale Industriepolitik mit konsensualem Ergebnis verstanden werden, also als aktive Staatspolitik mit dem Zweck der Festigung und des Ausbaus sozialstaatlicher Qualität. In den folgenden Unterkapiteln werden die dazu notwendigen konkreten Maßnahmen vorgestellt und erläutert. Zuvor soll noch einmal die wichtigste Veränderung des Dienstleistungszeitalters verdeutlicht werden, nämlich das Auseinanderdriften zwischen Finanzkapital und Realwirtschaft. Wir können den Durchbruch in die Dienstleistungsgesellschaft auf die 60er Jahre des letzten Jahrhunderts taxieren, die eigentliche Dynamik entwickelte sich jedoch erst mit der Entwicklung der IT-Technologien sowie mit der Öffnung der einst verschlossenen Märkte im Ostblock und in China. Die

---

[105] Der Begriff 'Satisficing' ist entlehnt von Herbert Simon, entdeckt und entnommen dem Buch von Heinz D.Kurz, Geschichte des ökonomischen Denkens, München 2013, S.16

folgende Graphik[106] veranschaulichet in einfacher Form das Auseinandergehen von Finanzvermögen und Realwirtschaft:

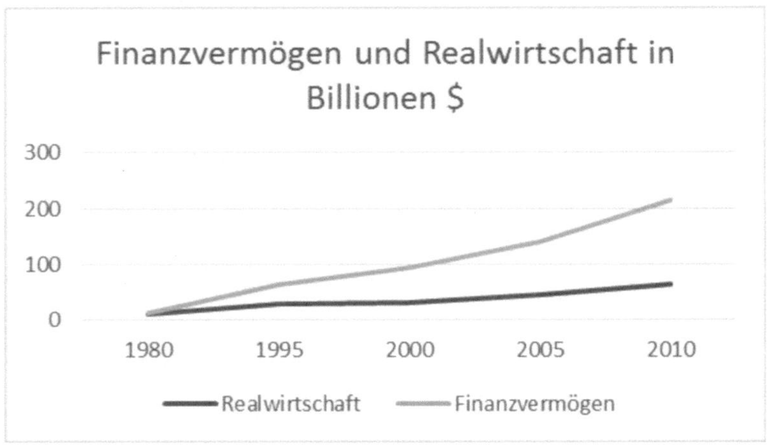


Die Graphik verweist auf das Problem, das seit der digitalen Revolution, also seit den 80er Jahren, zu beobachten ist. Vergleichen Sie die Entwicklung des grauen und des dunklen Graphen, so fällt das Auseinanderklaffen der beiden Wachstumsentwicklungen auf. Der schwarze Graph zeigt den weltweiten Anstieg der Produktionsgüter und Dienstleistungen, gemessen im BIP. Konkret gemeint sind also Autos, Smartphones, Schwimmhallen mit Schwimmschulen, Panzer, Obst und alles Mögliche, was auf den Weltmärkten angeboten und verkauft wird. Der graue Pfad betrifft Finanzprodukte, und es zeigt sich, dass der Anteil

---

[106] Zahlenquelle: McKinsey Quarterly, January 2007, Mapping the global capital markets (2010 = Schätzung)

der Finanzprodukte schneller wächst als der Anteil der realen Wirtschaft. Die Loslösung der Finanzprodukte von der Realwirtschaft bietet Gefahren und Chancen zugleich. Glauben Sie zunächst nicht, dass die Differenz als Alterssicherung seriös angelegt wird, eher das Gegenteil ist der Fall! Es handelt sich bei den Finanzanlagen oftmals um  gewagte Finanzprodukte mit hohem Risiko. Das Auseinanderklaffen von Finanz- und Realwirtschaft dokumentiert die Ursachen der endogenen Wachstumsschwäche. Offensichtlich sucht ‚das Kapital' nicht realwirtschaftliche Anlagen, weil sie a) im Verhältnis zum Kapital in ungenügender Gesamtzahl vorhanden sind, und weil b) die Profitrate im Gegensatz zu Risiko behafteten Kapitalanlagen ungenügend erscheint und weil c) Kapital sich nationalstaatlichen Auflagen und Kontrollen zunehmend entziehen kann. Nach den Erfahrungen der Finanzkrise von 2008 können wir hinzufügen, dass das Risiko für Banken und Kapitalgesellschaften auch dadurch gesunken ist, weil Staaten sich verpflichtet haben, in Krisenzeiten als Retter einzuspringen. Die Formulierungen „too big to fail" und „systemrelevante Banken" belegen dies. Im Grunde könnte es ja egal sein, ob Bank X oder Fonds Y, in dem Teile unserer Lebensversicherungsanlagen enthalten sind, ihr angelegtes Geld bei den Risikospielchen der Finanzwelt verlieren. Leider verlieren wir bei Insolvenzen der Banken unser erspartes Geld mit, entweder als Alterssicherung, in Fonds oder in Versicherungen o.Ä. und leider leidet die Realwirtschaft nach Turbulenzen der Finanzwelt auch durch die dann folgende re-striktive Kreditvergabe der Banken.[107]

---

[107] Siehe : Die Kredithürde, Ergebnisse des ifo Konjunkturtests im Mai 2014. Die Kredithürden galten vorwiegend für den Zeitraum nach 2008

Verlassen wir unser apokalyptisches Schlachtfeld und kommen zu den Chancen, die sich aus dieser Entwicklung herauskristallisieren lassen. Einer Politik des Satisficing, um bei dieser Anschaulichkeit zu bleiben, muss es gelingen, zumindest einen Teil des vorhandenen Kapitals in sinnvolle realpolitische Projekte umzuleiten, ohne die Vorteile marktwirtschaftlicher Effizienz aufzugeben. Wir haben gesehen, dass Industriepolitik dies zu leisten im Stande war, doch allein zu materiellen Wachstumszwecken ohne gesondertes Augenmerk auf Sozialverträglichkeit und ohne soziale Vorsorge im weitesten Sinne. Eine besondere Form von ‚Lenkung' von Kapital führt Norwegen mit dem Staatsfonds durch, indem Sozial-Kriterien als Maßstab für Kapitalanlagen vorgegeben werden. Offensichtlich zeigt dieses erfolgreiche Vorgehen einen richtigen Weg auf, weil hier ein gesellschaftlicher Normierungsprozess mit der praktischen Handhabung von Kapitalinvestitionen in Einklang gebracht wird. Doch Norwegen hat Geld aus Ölfunden und Norwegen lenkt nicht im eigentlichen Sinne, sondern legt das überreichliche Kapital spitz formuliert nur dort an, wo es sich mit gutem Gewissen ruhig schlafen lässt. Wir greifen dennoch das norwegische Vorbild auf und erweitern im Folgenden die Möglichkeiten, die ein eigener Staatsfonds bietet. Zuvor müssen wir uns aber Gedanken machen, woraus ein solcher Staatsfonds gefüttert werden soll, denn bei aller Schönheit und allem Reichtum des Landes, Ölquellen können hier nicht erschlossen werden!

---

und besserten sich erst nach den umstrittenen Geldspritzen durch die EZB

### b) Struktur und Finanzquellen des deutschen Staatsfonds

Die Einsetzung eines deutschen Staatsfonds müsste über das Finanzministerium geschehen, die operative Federführung könnte ein eigens dazu geschaffenes Büro der Deutschen Bundesbank übernehmen. Sollte aus rechtlichen Gründen die Schaffung eines solchen Büros wegen der Verzahnung mit der EZB Schwierigkeiten bereiten, so muss ein adäquat operierendes unabhängiges Organ geschaffen werden. Wünschenswert wäre die Besetzung von Fachpersonal, das sich aus ehemaligen Experten der Bundesbank rekrutiert, welches mit der Mentalität eines unabhängigen Instituts operiert. Die Einzahler in den Staatsfonds belaufen sich auf die drei Gruppen private Sparer, Staat und Finanzinstitutionen.

Privatanleger haben ein Interesse an sicheren Anlagen und investieren große Summen für die Ausbildung ihrer Kinder oder als Rücklage für das Rentenalter. So legen laut einer Studie der Kreditauskunftei Schufa 86 Prozent der 25 bis 45 Jahre alten Deutschen  privat Geld für ihren späteren Ruhestand zurück.[108] Generelle Adressaten des Staatsfonds sind alle Sparer mit der Absicht einer längeren Anlagefrist (10 Jahre). Dient der norwegische Staatsfonds mit seiner Struktur qualitativer Wertungen als „moralisches" Vorbild, so kann der dänische Pensionsfonds ATP als Vorbild der Einnahmestruktur gelten.[109] Der Fonds speist sich aus Beiträgen von Arbeitnehmern und Arbeitgebern. Die fünf  Millionen Kunden erwarten eine Rendite, die einen Prozentpunkt über der erwarteten Inflationsrate liegt.  Der Fonds

---

[108] , Quelle FAZ vom 30.04.2014, S.25 (Niedrige Zinsen verführen Deutsche selten zum Ratenkredit)

[109] Siehe hierzu: „Die Dänen können es", in FAZ vom 7.1.2014; alles Angaben sind diesem Artikel entnommen

besitzt ungefähr 100 Milliarden Euro und besteht aus fünf Risikoklassen. Im Jahre 2012 erzielte der Fond eine Rendite von 10 Prozent!

Zurück zum Modell eines deutschen Staatsfonds. Wichtig ist, dass der Staatsfonds variable Auszahlungsmöglichkeiten bietet, also von Sofortauszahlung bis zu Ratenauszahlungen. Auch Ausbildungsverträge können diesbezüglich verknüpft werden, zudem können Anreize in Form von leistungsabhängigen Erleichterungen im Studium (Bafög-Zahlungen, Zuteilungen, Studiengebühren, Creditpoints...) gegeben werden. Es hängt vom Geschick der Politik und der Verwaltungsgremien ab, ein vernünftiges Anreiz-System zu kreieren, welches das eingezahlte Kapital einer sinnvollen persönlichen Rendite zuführt. Zwei konstruierte Beispiele sollen dies veranschaulichen. Studentin A bekommt einen Studienplatz in Heidelberg. Das Medizinstudium kostet Studiengebühren, Wohn- und Lebenshaltungskosten sowie Ausgaben für das Studium in Höhe von beispielhaft 700 €. Die Eltern zahlten nach der Geburt des Kindes einen monatlichen Beitrag in Höhe von 70 € in den Staatsfonds, ergänzt durch Einzahlungen der Großeltern in Höhe von 30 €. Die insgesamt eingezahlten Beiträge von 100 € monatlich sind nach 18 Jahren abrufbar. Bei einer jährlichen Verzinsung von 2,5 % ergibt sich für Studentin A zu Studienbeginn ein verfügbarer Betrag von rund 31.000 €, benötigt werden für ein fünfjähriges Studium bei gleichbleibender Belastung von 700 € monatlich 42.000 €. Die Fortzahlung des bisherigen Einzahlungsbetrages von 100 € ergibt ohne Berücksichtigung von Zinsgewinnen einen Betrag von 6000 € . Finanztechnisch errechnet sich auch ein Zusatzbetrag aus der Tatsache, dass der Gesamtbetrag ja nicht als Ganzes abgerufen wird, sondern gemäß monatlicher Belastungen. Der verbleibende Fehlbetrag von somit eher weniger als 5000 € kann bei Verpflichtung eines neuen Langzeitsparvertrags in den Staatsfonds als Negativhypothek verrechnet werden. Konkret wird Studentin A nach dem Studium einen neuen Vertrag für einen Staatsfondsanteil abschließen, der zwar zunächst negativ vorbelastet ist, aber angesichts der langfristigen Anlage, des günstigen Zinssatzes, der Transparenz, der Solidität und angesichts der Tatsache, dass Studentin A eine qualifizierte Ausbildung ermöglicht worden ist, einen Anreiz für zukunftsträchtige Investitionen und Absicherungen bietet. Das Anlagekapital bleibt somit im Kreislauf des Staatsfonds und wird für realpolitisch sinnvolle Projekte ausgegeben. Ein zweites Beispiel: Studentin A wird während des Studiums schwanger, es stellt sich das Problem der Kinderbetreuung und der Vereinbarkeit von Studium / später Beruf und Kindererziehung. Unabhängig vom Familienstand kann der Anspruch auf Staatsfondsgelder verbunden werden mit zusätzlichen Anreizen, die Erziehenden gewährt werden. So können die 30.000 € verdoppelt werden, Verwendung für Studium und Kinderbetreuung, Finanzierung über zinsloses/ zinsgünstiges Darlehen, das mit der neuen Police eines Staatsfonds verrechnet wird. Es obliegt den politischen Gremien mit ihren Experten (man denke an die japanischen councils!) solche gedanklichen Planspiele zu entwerfen und durchzurechnen. Die Sozialstandards und die Anwendungsmöglichkeiten solcher Modelle unterliegen Berechnungsgrundlagen von Experten und der politischen Diskussion. Wichtig ist jedoch die Verknüpfung einer sinnvollen Kapitalbindung mit einer sinnmachenden Kapitalverwendung! Bieten derartige Einzahlungspolicen solche attraktiven Verwendungsspektren an, so wird ein nicht unbeträchtlicher Teil von Kapital in den Staatsfonds strömen.

## c) Basiskapital des Staatsfonds

Welche Kapitalhöhe kann zu Beginn veranschlagt werden? Die folgenden Überlegungen bleiben zwar hypothetisch, entspringen aber realistischen Zahlen, die auf konservativen Schätzungen basieren. Folgende Posten könnten sich zu einem Basisanfangskapital summieren:

- **Staatliche Einlage** von 1 Mrd. €. Dieses Kapital ist knapp bemessen, doch verzichtet der Staat wie im Folgenden ausgeführt wird, auf bewährte Einnahmequellen zugunsten des Staatsfonds.

- **Soli** : der Solidaritätszuschlag erbrachte 2012 Einnahmen in Höhe von 13,6 Mrd.€ [110] Diese Gelder sollten zugunsten einer aktiven, ökologisch sinnvollen Wirtschaftspolitik durch den Staatsfonds verwendet werden

- **Bundesbankgewinne** brachten in den Jahren 2000 bis 2011 einen durchschnittlichen Gewinn von 4 Mrd. €. [111] Die Größe des Bundesbankgewinns ist nicht verlässlich, sie schwankte vom Spitzenjahr 2001 mit über 11 Mrd. € bis zu den Krisenjahren 2003 und 2011 mit Summen unter 1 Mrd. €. Eine feste Verplanung dieser Überweisun-

---

[110] Quelle:
http://de.statista.com/statistik/daten/studie/30376/umfrage/steuereinnahmen-des-bundes-durch-den-solidaritaetszuschlag/ ( 22.04.2014)

[111] Siehe: http://www.faz.net/aktuell/wirtschaft/schuldenkrise-bundesbank-gewinn-bricht-ein-11682521.html ( 22.04.2014)

gen ist deshalb für einen seriösen Haushalt nicht kalkulierbar, für einen Fonds ergäbe sich jedoch eine zusätzliche Verwendungsmöglichkeit.

- **Riesterrentenbeiträge**: 2012 wurden 610.000 Riester-Verträge abgeschlossen. Der Gesamtbestand der Riesterrenten betrug 10,9 Mio Verträge; die kapitalisierte Jahresrente betrug 136,1 Mrd. €. Eine Umlenkung eines adäquaten Anteils (zwischen 5-6 Prozent) in den Staatsfonds ergäbe einen Betrag von rund 7,6 Mrd.€.

- **Wiederanlage ausgezahlter Versicherungen**: Der Kapitalanlagebestand bei Lebensversicherungen, Pensionskassen und Pensionsfonds betrug 2012 ca. 792 Mrd € plus 66 Mrd € für fondsgebundene Policen. [112] „Bei der Beurteilung der Eigenvorsorge der deutschen Bevölkerung dürfen aber nicht nur die Hauptverträge betrachtet werden; ein beachtlicher Teil der Hauptversicherungen, nämlich 32,0 %, war Ende 2012 mit Zusatzversicherungen ausgestattet. Dies entspricht 28,5 Millionen Zusatzversicherungen über eine Versicherungssumme bzw. kapitalisierte Jahresrente von 1379 Mrd €." [113] Diese Summen verdeutlichen das unglaubliche Potential, das für

---

[112] Siehe: http://www.daserste.de/information/wirtschaftboerse/plusminus/sendung/sr/2013/sendung-vom-07082013-lebensversicherungen-100.html (22.04.2014)

[113] http://www.gdv.de/wp-content/uploads/2013/10/GDV-Lebensversicherung-in-Zahlen-2013-n.pdf , Seite 18

einen Staatsfonds zur Verfügung stehen könnte. Bleiben wir jedoch bei konservativen Schätzungen und nehmen als Grundlage das Potential, das den Anlegern von Lebensversicherungen und ähnlichen Policen zur Verfügung steht. Tag für Tag werden 207 Mio. € an Versicherungsnehmer ausgezahlt. Werden nur 10% dieser Gelder in den Staatsfonds neu angelegt, so ergibt sich eine Summe von rund 7.5 Mrd. €

**Kapitalanlage der privaten Versicherungsträger**: laut Bericht von wiwo legt die Allianz-Versicherung täglich 300 bis 500 Mio. € auf den Kapitalmärkten an. [114] 7% der Allianz - Kapitalanlagen sind in Aktien angelegt. Gehen wir von einer Einschätzung aus, dass allein die Allianz-Gruppe von den täglich angelegten 300 Mio. € 7 % in Aktien anlegt, so ergibt sich ein Anlagekapital von 21 Mio € pro Tag. Würden nur 10% als quasi Absicherung des Anlagekapitals in den Staatsfonds fließen, so ergäbe sich eine Summe von 766,5 Mio €. Diese Minimalrechnung zeigt wieder das enorme Potential auf, das sich aus dem Anlage - und Sparverhalten in Deutschland ergibt. Wir veranschlagen bei gewohnt konservativ wertender Prognose für die gesamten privaten Versicherungsträger ein Anlagepotential von 5 Mrd. €. Alleine die Betrachtung der hier aufgeführten Posten ergäbe als Anfangskapital für den Staatsfonds – tabellarisch aufgeführt- folgende Gesamtsumme:

---

[114] Quelle: http://www.wiwo.de/finanzen/geldanlage/kuenftig-mehr-sachwerte-allianz-bis-zu-zehn-milliarden-euro-in-aktien/9761294.html [Zugriff: 22.04.2014]

| Staatliche Einlage | 1,0 Mrd.€ |
|---|---|
| Soli | 13,6 Mrd. € |
| Bundesbankgewinne | 4,0 Mrd.€ |
| Beiträge Riesterrente | 7,6 Mrd.€ |
| Wiederanlage ausgezahlter Versicherungen | 7,5 Mrd.€ |
| Kapitalanlage der privaten Versicherungsträger | 5,0 Mrd.€ |
| **Summe:** | **38,7 Mrd. €** |

Banken, Versicherungen, Bausparkassen, kurz: Vertreter des Kapitalmarkts, müssen Finanzprodukte wie Bausparverträge, Lebensversicherungen oder Fonds refinanzieren. Je höher der Gewinn, desto höher in der Regel das Risiko. Um Ausfallrisiken zu mindern, sollen die Rücklagen erhöht werden, was jedoch in Krisenzeiten eine Verminderung des Kapitals bedeutet, welches für Investitionen verwendet werden kann. Hier wäre eine teilweise Anrechnung der Rücklagen in Form von Anlagen im Staatsfonds möglich. Dieser Kapitalanteil wäre für den Staatsfonds unverzinslich und somit besonders attraktiv. Ein weiterer Anteil in begrenzter Höhe kann von den Kapitalgesellschaften zur Normalverzinsung als sichere Anlage in Staatsfondsanteilen verwendet werden. Die Gremien der Staatsfondsverwaltung, im Folgenden kurz GdS genannt, können Spielräume für Risikohaftung, Abzinsung und Beratungsgebühren erstellen. Enthält z.B.

der private Fonds der Kapitalgesellschaft D einen hohen Anteil als Risiko eingeschätzter Aktien, so sinkt die Zinsgarantie des Staatsfonds, gleiches gilt für die Anlage in Anlageprodukten sozial niedrig eingeschätzter Anlageprodukte. Kurz: die Messlatte für die Aufnahme und die Modalitäten von Kapital aus Kapitalgesellschaften richtet sich nach den Kriterien der GdS! Mit dieser Praxis erhöht sich auch die Transparenz für Verbraucher, denn jede Lebensversicherung kann daran überprüft werden, welche Konditionen für sie beim Staatsfonds gelten. Wenn ein Anleger vor 2007 eine Versicherung oder einen Sparfonds abschloss und sich vorab über die Anlageform informieren wollte, so erfuhr er bestenfalls die beruhigende Auskunft, dass ein Großteil in sichere amerikanische Immobilienpapiere angelegt sei. Die Auswirkungen dieser Anlagen wurden spätestens nach 2008 klar. Mit der Schaffung eines unabhängigen Gremiums, der Festlegung und Evaluation von Sozialkriterien, den Sicherungseinlagen, der Transparenz ,dem staatlichen Rückhalt sowie der Hinwendung der Kapitalanlagen in realwirtschaftlich sinnvolle Projekte erhalten diesbezügliche Kapitalanlagen eine neue Qualität. Besondere markwirtschaftlich interessante Anreize können auch dann gegeben werden, wenn Kapitalgesellschaften selber nach GdS - Kriterien Fonds auflegen und somit in gesunder Konkurrenz zu dem Staatsfonds treten.

Der Staat in Vertretung durch das Finanzministerium stellt wie erwähnt einen Anfangsbetrag aus dem Haushalt zur Verfügung. Der Sockelbetrag von 1 Mrd. € wird durch diverse Transfers wie den Soli und die Bundesbankgewinne erheblich aufgestockt. Einfließen können zudem Erträge aus einer Finanztransaktionssteuer für Risikopapiere, Überschüsse aus der Rentenkasse, Zinsgewinne aus Differenzbeträgen [115] usw. Der Staat hat auch die Möglichkeit der Abführung eines Teils der Mehrwertsteuer, er kann ebenfalls in konjunkturpolitisch günstigen Phasen Sonderabführungen veranlassen [116], er kann Zahlungen eines ökologischen Steuerungssystems dem Staatsfonds zufließen lassen ... Als Besitzer des Staatsfonds genießt der Staat in Krisenzeiten hohe Bonität, in Boom-Jahren Möglichkeiten Sicherheiten zu schaffen und die dann vorhandene Kapitalmenge zukunftsträchtigen Verwendungszwecken zuzuführen. Mittelfristig kann sich der Staat über das Handling des Staatsfonds die Basis einer seriösen Konjunkturpolitik verschaffen.

### d) Funktionsweise des Staatsfonds

- Besitzer und ausführendes Organ

Der Staatsfonds ist zu 100% im Besitz des Finanzministeriums. Das operative Geschäft wird von der deutschen Bundesbank durchgeführt. Konkret obliegt der Deutschen Bundesbank der Ankauf und Verkauf von Wertpapieren des Deutschen Staatsfonds. Der Handlungsspielraum beschränkt sich auf operative

---

[115] Gemeint ist hier das Beispiel, dass die BRD aufgrund der hohen Bonität im Euroraum auf dem Kapitalmarkt günstigere Staatsanleihen auflegen konnte. Ein vereinbarter Zielkorridor kann bei Unterschreiten der Zinsbelastungen zu einer Einzahlung in den Staatsfonds führen. Konkret: werden 2% Zinszahlungen avisiert, der Kapitalmarkt ermöglicht jedoch 1,5%, so wird die Differenz in den Staatsfonds abgeführt. Bei 0,5 % Neuverschuldung und 3,5% Langzeitrendite immer noch kein schlechtes Geschäft!

[116] Solche Sonderzulagen können als Rücklagen des Staatsfonds verwendet werden

Handlungsweisen, d.h. die verantwortlichen Ausführungspersonen haben lediglich einen Spielraum bezüglich des Timings von Käufen/Verkäufen, nicht bezüglich der Produktauswahl. Es obliegt den für die Struktur des Staatsfonds Verantwortlichen, einen Vertreter der Deutschen Bundesbank in beratender Funktion im Entscheidungsgremium zuzulassen. Das Gremium, das die Kriterien für den Erwerb von Papieren festsetzt, besteht aus einem kleinen Kreis analog des  norwegischen Staatsfonds. Die Ergebnisse der Beratungen werden protokolliert und veröffentlicht. Das Gremium beachtet bei der Auswahl folgende Werte:

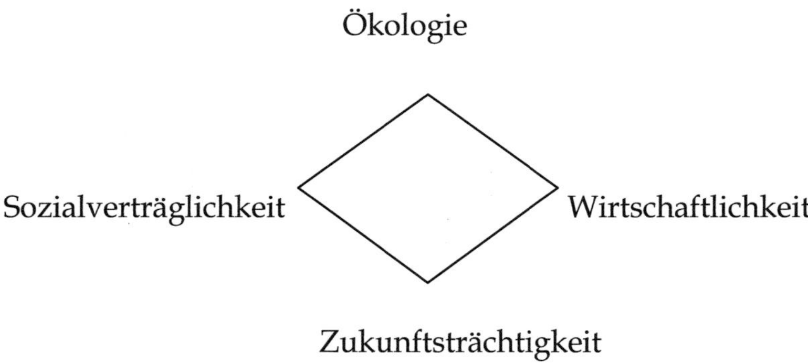


Diese Werte werden anhand eines Fragenkatalogs konkretisiert, welcher als Grundlage bei der Auswahl der Produkte dient. Kein Kriterium darf den formulierten Mindeststandard unterschreiten. Der Mindeststandard kann zu Beginn ein Negativkatalog sein, also keine Kinderarbeit, kein Beitrag zu kriegerischen Auseinandersetzungen, keine Missachtung von Sicherheitsnormen usw. Im Laufe der Entwicklung des Staatsfonds wird der  Kriterienkatalog überarbeitet, angepasst und erweitert. Auf der Basis dieses Kriterienkatalogs bearbeitet ein vom Finanzministerium und Staatsfonds finanziertes, von Wirtschaftslobbyismus jedoch personell unabhängiges Wirtschaftsinstitut eine konkrete Liste empfehlenswerter Finanzprodukte. Die Liste wird vom Gremium begutachtet, abgesegnet und den operativ Handelnden der Deutschen Bundesbank übergeben. Der Errichtung eines Werte verpflichteten Wirtschaftsinstituts kommt in diesem Modell ein hoher Stellenwert zu. Das Wirtschaftsinstitut erfüllt verschiedene Aufgaben wie

- Sichtung von in Frage kommenden Finanzprodukten
- Bewertung der Finanzprodukte
- Erstellung von Wirtschaftlichkeitsberechnungen
- Erforschung von Berechnungsgrundlagen zur Ermittlung sozialer Folgekosten zwecks Vergleichbarkeit von Finanzprodukten, diese dienen langfristig als Basis für steuerliche Anreize / Sanktionen
- Bereitstellung und Auswertung von Wirtschaftsdaten
- Aufzeigen von Perspektiven zukunftsträchtiger Investitionen
- Langzeitentwürfe von Schwerpunkten einer zukünftigen Industriepolitik


Die Gründung eines Staatsfonds verläuft als Prozess. In einer ersten Phase wird im politischen Umfeld ein Gremium mit fachlich geeigneten, nicht offen parteigebunden Persönlichkeiten ernannt. Die Ernennung der Mitglieder des Gremiums kann analog des Verfahrens bei der Auswahl von Verfassungsrichtern geschehen, ein Vorschlagsrecht durch externe Institutionen wie NGOs ist wünschenswert. Die Ausschreibung von Qualifikationsmerkmalen wird öffentlich und somit transparent geführt.

Parallel zur Institutionalisierung des Gremiums schafft die Deutsche Bundesbank eine ‚Abteilung Deutscher Staatsfonds'. Die Mitglieder dieser Abteilung handeln ohne beratende Funktion (evtl. Ausnahme s.o.) wie Akteure einer Hausbank. Die Unabhängigkeit der EZB und ihrer Unterorganisation Bundesbank darf durch ihre Handlungsweise nicht beeinträchtigt werden. So dürfen Erwägungen der EZB bei vorzunehmenden Zinsbeschlüssen nicht  in das operative Geschäft einfließen. Das Gremium erwirbt in Phase I auf der Basis der Kenntnisse der Mitglieder des Gremiums Wertpapiere. Das operative Geschäft verläuft analog des norwegischen Staatsfonds, also ohne Ankündigung, transparent nach zeitlicher Verzögerung und mit Offenlegung der Intention. Der Schlüssel von Immobilienbesitz-Besitz von Staatsanleihen-Aktienerwerb wird formuliert und veröffentlicht. Als Folgeschritt gründet sich auf Geheiß von Regierung und unter Mitsprache des Gremiums ein unabhängiges `Wirtschaftsinstitut Deutscher Staatsfonds´. Dieses Gremium überprüft, ob die bislang im Besitz des Staatsfonds befindlichen Wertpapiere noch den Kriterien des Gremiums entsprechen. Es nimmt des Weiteren die oben beschriebenen Aufgaben wahr. Die Finanzierung des Wirtschaftsinstituts erfolgt durch die Gewinne des Staatsfonds. Tätigkeiten und Aufgabenfeld des Wirtschaftsinstituts werden offen gelegt und für die Öffentlichkeit transparent gemacht. Zwischen Gremium und Wirtschaftsinstitut besteht  eine Wechselbeziehung von Empfehlung und Kontrolle. Das Gremium besitzt oberste Autorität, es kann das Finanzministerium anweisen, die Arbeitsweise des Instituts bei begründeten Verdachtsmomenten zu überprüfen. In Einzelfällen können Empfehlungen des Instituts vom Gremium abgewiesen oder zur Neuüberprüfung zurückgegeben werden. Es erteilt

Anweisungen und Aufträge im Sinne des oben aufgeführten Aufgabenkanons. Das institutionelle Beziehungsgeflecht veranschaulicht folgende Grafik:

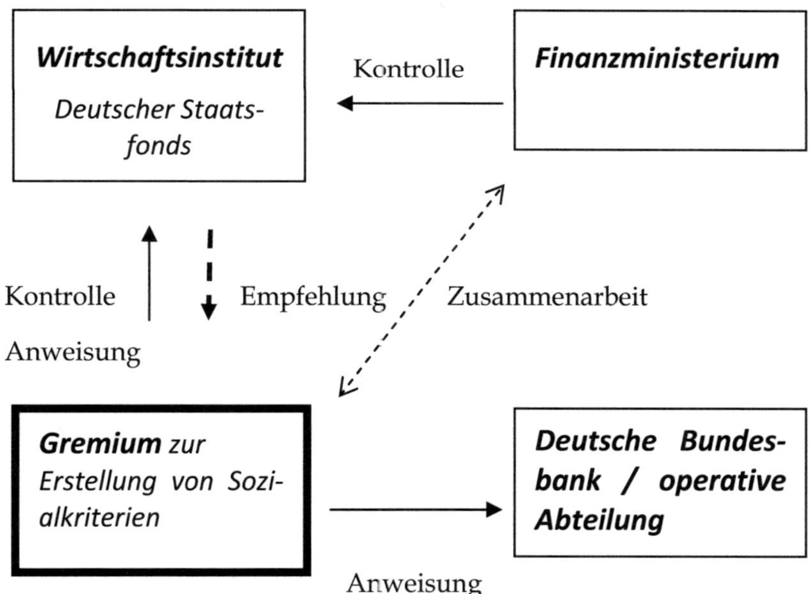


In Phase II erweitert der Staatsfonds seine Aktivitäten. Gezielte Offerten für oben aufgeführte Zielgruppen und die Erweiterung von Einnahmequellen durch Bundesbankgewinne usw. ermöglichen eine Steigerung der Aktivitäten. Orientierte sich bislang in Phase I der gegründete Staatsfonds noch stark am norwegischen Modell des Kaufs /Verkaufs von Wertpapieren hochwertiger Kapitalgüter, so verschiebt sich unter Beibehaltung der „sozialfundierten Prinzipien" die strategische Orientierung in Richtung aktiver Industriepolitik. Parallelen zu Japan werden sichtbar, aber anders gelagert und mit der Zielrichtung einer zukunftsträchtigen ökologischen und sozialen Ausrichtung. Gremium, Finanzministerium und Wirtschaftsinstitut erarbeiten Zielsetzungen einer wirtschaftspolitischen Ausrichtung. Mit anderen Worten: es dominiert zunehmend die Frage, welche Branchen, Bereiche und Wirtschaftszweige sollen besonders gefördert werden? Aktuell besteht in der politischen Absichtserklärung des Energiewandels auf erneuerbare Energien ein solch formulierter Paradigmenwechsel. Weitere denkbare Ansätze wären Neuausrichtung von Landwirtschaft, Naturschutz und Tierhaltung oder ein Urbanisierungskonzept bis zum Jahr 2050. Wichtig sind die Formulierung solcher Zielsetzungen, also konzeptionelle Richtungsklarheit und das Setzen eines Anreiz-Systems unter Beibehaltung marktwirtschaftlicher Grundlagen. Der Staatsfonds kann Aktienpakete von Firmen, die dieser Ausrichtung entsprechen, erwerben; er kann Kapitalerhöhungen dieser Firmen für zukunftsträchtige Projekte unterstützen; er kann die Firmen mit Kapital aus dem Staatsfonds versorgen, indem er Anleihen dieser Firmen kauft mit der Maßnahme eines Rücktauschrechts in einem vorgegebenen Zeitraum. Der Staatsfonds kann einen Teilfonds für start-up-Unternehmen auflegen, also Risikokapital für interessante Forschungszwecke und viel versprechende Innovationen. Rückkoppelungen in Form von Teilhabe, Patentrechten usw. mindern Risiken. Phase II agiert „halb-konservativ", weil einerseits Aktiva höheren Risikos erworben werden, andererseits weiterhin konservativ verwaltet wird nach einem an Sicherheit orientierten Verteilungsschlüssel des Staatsfonds. Ein Teil des Kapitals wird in Rücklagen gespeichert, in Immobilien und Staatspapieren und bei stabilen Preisen auch Edelmetallen wie Gold und Silber, ein Teil erwirbt auf dem

Kapitalmarkt Aktien, zunehmend in den Teil, der der gewünschten Industriepolitik entspricht, ein kleiner Teil wird als Risikokapital verwendet. Mit der Erfüllung des Kriterienkatalogs werden soziale Folgekosten gesenkt und mit der Förderung innovativer Technologien werden Zukunftsmärkte erschlossen. Firmen, die über einen längeren Zeitraum Staatsfonds würdig sind, erhalten eine Zertifizierung auf Zeit. Konsumenten und Geschäftspartnern dient sie als Qualitätsmerkmal besonderer Güte, der Firma selber als Verpflichtung und Marketingsiegel.

Mit der Institutionalisierung des Staatsfonds und der Gremien sowie nach einer mittelfristig verstrichenen Erfahrungsphase beginnt Phase III! Der Staatsfonds ergreift eine aktive Steuerungspolitik. Diese konzentriert sich auf drei Bereiche:

- Die Sozialkriterien des Staatsfonds werden zunehmend Grundlage der steuerlichen Anreiz- und Sanktionspolitik

Die steuerliche Behandlung orientiert sich überwiegend an den Kriterien des Staatsfonds. Marktwirtschaftliche Konkurrenz, freies Unternehmertum und Wettbewerb bleiben erhalten, die Sozialkriterien werden ausgebaut in der Zielrichtung der Vermeidung sozialer Folgekosten. Die Erfüllung von Staatsfondskriterien wird transparent gemacht und unterliegt einem steuerlichen Begünstigungssatz. Analog den Kriterien aus Ökonomie 3.1 gelten als Qualitätsmerkmale die Oberbereiche Produktqualität, Produktionsbedingungen und Sozialleistungen. Der Staatsfonds muss nicht Firmenanteile dieser zertifizierten Firmen kaufen, es genügt die positive Bewertung, verbunden mit dem potentiellen Aktienerwerb. Der Anreiz besteht in der steuerlichen Begünstigung der Unternehmen, die sozialen und ökologischen Verpflichtungen nachkommen. Die Kriterien-Erstellung geschieht auf demokratischem Weg, Transparenz und Mitsprache bei der Erstellung der Kriterien sind gegeben, die Veröffentlichung der Ergebnisse ermöglichen dem Verbraucher und den Kunden einmal eine wichtige Information über die Güte des Produkts und der Produktion, zum andern einen günstigeren Preis infolge der steuerlichen Anreize. Ohne auf die Inhalte der Konzeption von Ökonomie 3.1 näher einzugehen verweise ich auf den Grundgedanken dieses Konzepts, dass letztendlich der Preis als ausschlaggebendes Marktelement gilt. Eine vernünftige Wirtschaftspolitik muss demnach so angelegt sein, dass Produktionsgüter oder Dienstleistungen belohnt werden, die die Gesellschaft mit weniger sozialen Folgekosten belasten als Güter, die zwar billig auf dem Markt angeboten werden, deren erhöhte Folgekosten jedoch sozialisiert werden müssen.

- Aktive Wirtschaftspolitik

Der Staat muss eine Konzeption entwickeln, die langfristige Perspektiven aufzeigt. Dieser Prozess muss öffentlich geführt werden und in Wahlen zur Disposition stehen. Drei konkrete Beispiele dazu. Langzeitprojekte wie Energie-, Umwelt- oder Infrastrukturplanung müssen perspektivisch entworfen und gefördert werden. Der Staat setzt einen Prioritätenkatalog, der sich im Anlage- und Investitionsverhalten des Staatsfonds wiederfindet. Der Staatsfonds kann diesbezüglich in verschiedene Unterfonds gegliedert werden mit unterschiedlichen Renditeerwartungen der Teilfonds, mit differenziertem Anlage- und Risikoschwerpunkt. Zweitens bedeutet aktive Wirtschaftspolitik sinnvolle Konzeptionierung eines Länderausgleichs. Artikel 72.2 GG besagt wörtlich: „ Der Bund hat in diesem Bereich (gemeint ist die konkurrierende Gesetzgebung [Anmerkung des Verfassers]) das Gesetzgebungsrecht, wenn und soweit die Herstellung gleichwertiger Lebensverhältnisse im Bundesgebiet...im gesamtstaatlichen Interesse eine bundesgesetzliche Regelung erforderlich macht." [117] Der in Artikel 107 GG geforderte Länderfinanzausgleich führt zu keinem zufriedenstellenden Ergebnis. Die Konzeptionierung eines Sonderzonenmodells mit zeitlich begrenztem Anreizsystem, unterstützt durch Investitionen aus dem Staatsfonds, könnte strukturelle Unterschiede konkreter und effektiver ausgleichen. Dabei müssen keine neuen Industrieparks geschaffen werden, auch eine Erschließung von Naturparks mit neuen Einnahmequellen durch Tourismus kann ein konzeptionelles Ziel sein. Länder, Branchen oder Bürger und Parteien können konzeptionelle Vorschläge unterbreiten, diese werden zu einem langfristig angelegten Paket mit Zeit- und Finanzierungsplan geschnürt unter Einbeziehung von Staatsfondsgeldern. Damit wäre eine sinnvollere Verwendung gewährleistet als das bisherige Verschieben von Einnahmen reicher Bundesländer in ärmere Bundesländer. Als weiteres Beispiel aktiver Wirtschaftspolitik dient eine Verbesserung der Infrastruktur unter Einbeziehung von privaten Firmen und dem dt. Staatsfonds. Die unter der Bezeichnung PPP-Projekte [118] bekann-

---

[117] Grundgesetz, Artikel 72.2

[118] PPP steht für Public Private Partnership, siehe dazu auch den link: www.ppp-projektdatenbank.de/fileadmin/user_upload/Downloads/PPP-Modelle.pdf (27.04.2014); neuerdings findet sich die Thematik unter ÖPP, dazu links des Bundesministeriums:

http://www.bmwi.de/DE/Mediathek/publikationen,did=702188.html, neu ist der Fratzscher Report (24.08.2015) ten Investitionen basieren auf verschiedenen Modellen, die bereits praktiziert werden. Der private Auftragnehmer kann z.B. eine von der öffentlichen Hand genutzte und in Auftrag gegebene Immobilie erwerben. Er erhält Zahlungen von der öffentlichen Hand, trägt aber auch die Risiken, die mit der Fertigstellung und den Folgekosten verbunden sind. Weitere Varianten von PPP-Projekten sind Inhabermodelle, Leasingmodelle, Mietmodelle, Konzessionsmodelle oder Gesellschaftsmodelle, deren Funktionsweisen hier nicht erörtert werden sollen. PPP – Projekte haben ein Imageproblem, einmal aus negativen Erfahrungen, zum andern aus der prinzipiellen Erwägung heraus, dass öffentliches Gemeingut auch von der Öffentlichkeit finanziert und verantwortet werden soll, zum Dritten haftet den Finanzinvestoren nicht zu Unrecht ein Heuschrecken-Image an. Die generelle Einschätzung jedoch, dass Staatsgelder sinnvoller verplant würden als privat finanzierte Projekte, dürfte nach dem Berliner Flughafen – Desaster nicht mehr Geltung besitzen. Philipp Krohn beleuchtet in seinem Artikel „Autobahnen statt Staatsanleihen" [119] die Problematik vom praktischen Standpunkt. Fakt ist, dass es einen jährlichen Finanzierungsbedarf von rund 7 Milliarden € für Straßen, Schienen und Wasserwege gibt. Institutionelle Anleger würden laut diesem FAZ-Artikel bereit sein, 14 Milliarden in Infrastrukturprojekte zu investieren, doch stoßen sie auf mäßiges Interesse von Bund, Ländern und Gemeinden. Wie kann dieses Potential sinnvoll genutzt werden? Prinzipiell wäre eine Investition in Infrastrukturprojekte seitens privater Finanzinstitute positiver als eine Investition in fragwürdige Finanzprojekte. Der Staat kann gemeinsam mit dem Staatsfonds

---

[119] FAZ vom 20.01.2014

die „Prioritätenliste Infrastrukturverbesserung" planerisch gestalten, nach Staatsfondskriterien ausschreiben und Investitionsaufträge vergeben. Negative PPP-Erfahrungen basieren überwiegend auf der Tatsache, dass kommunale Träger ohne Erfahrungswerte und adäquate Sachkompetenz Privatisierungen vornehmen. Fakt ist, dass das Finanzkapital Anlagemöglichkeiten sucht, die jedoch, wie wiederkehrende  Finanzkrisen bewiesen, zu oft in riskante und realwirtschaftlich fremde Bereiche gelenkt wurden, Fakt ist auch, dass die Kosten der sozialen Sicherungssysteme wachsen und der Ausbau der Verkehrsinfrastruktur vernachlässigt wird. So stiegen die Ausgaben für die soziale Sicherung von 1992 bis 2012 von 75,7 Mrd. € auf 155,2 Mrd. €, also um 105%, davon der Ausgabenanteil für Renten um 149% (von 32,5 Mrd. € im Jahre 1992 auf 80,7 Mrd. €), der Anteil des Bundeshaushalts für Verkehrsinfrastruktur stieg in dem vergleichbaren Zeitraum nur um 5% (11,8 Mrd. € 1992 auf 12,4 Mrd.€ im Jahr 2012)! [120] Der Ausbau schneller Daten und die Verbesserung der Verkehrsinfrastruktur sowie die Energiewende können als vorrangige Zukunftsaufgaben betrachtet werden. Eine Zusammenarbeit von Staat –Privatwirtschaft – Staatsfonds nach einem neomerkantilistischen (Sozial-)Plan  ist für die Standortsicherung des Wohlfahrtsstaats aus unserer Sicht notwendig. Ein Durchwursteln in die Zukunft unter Berücksichtigung wahltaktisch bedingter vermeintlicher Erfordernisse, Einschränkungen oder Verschiebungen kann sich ein Sozialstaat in Zukunft nicht mehr leisten! Politiker müssen für die Bürger Langzeitperspektiven aufzeigen, Chancen und Gefahren benennen, die Gefahren

---

[120] Sie FAZ vom 5.September 2013, S.10 (Rentenzuschuss treibt Bundesausgaben).

minimieren und die Umsetzung des Konzepts konzeptionell angehen.

- Beispiel Gigabitgesellschaft

Das Fraunhofer-Institut für System- und Innovationsforschung ISI stellte im Jahre 2013 insgesamt sechs Szenarien für eine zukünftige Gigabitgesellschaft vor. [121] Jedem Szenario werden positiven Entwicklungsmöglichkeiten negative Fehlentwicklungen bzw. Gefahren gegenübergestellt. Im Detail handelt es sich um folgende Szenarien:

a. Open Everything

Gemeint ist ein Mehr an Transparenz und Partizipation in Unternehmen, Universitäten und in der Verwaltung.

b. Alles in Echtzeit

Hierbei handelt es sich um die unmittelbare Verfügbarkeit von Informationen, Einkaufsmöglichkeiten, Wartezeiten usw.

c. Vernetzte Mobilität

Die Zukunft erfordert neue Verkehrskonzepte, d.h. intelligente, ressourcensparende und flexible Mobilität.

d. Do it yourself

---

[121] http://www.initiatived21.de/wpcontent/uploads/2013/05/szenarien_giga bit.pdf ( 01.05.2014)

Die Menschen nehmen individuelle und Gruppeninteressen, auch soziale Themen stärker wahr, sie möchten ihre Ergebnisse, Meinungen und Einschätzungen vorstellen und kommunizieren.

e.  Intelligente Gesundheit

Medizinische Informationen können effizienter an Patienten und Bürger/innen herangetragen werden. Konkrete Beispiel sind die Vermeidung von Doppeluntersuchungen, Trainingspläne, Ernährungstipps, Kontrolle von Risiken usw.

f.  Nachhaltig leben

Energieeffizientes Leben soll nicht mit Komfortverzicht verbunden sein. Energieeffizientes Wohnen, energiesparende Mobilität und sozialverträgliche Umsetzung der Energiewende erfordert neue und schnelle Steuerungs- und Informationssysteme.

„Nach der Informationsgesellschaft kommt die Gigabitgesellschaft. In Zukunft werden noch größere Datenmengen in noch kürzerer Zeit übertragen, automatisch erzeugte Informationen aus unterschiedlichen Quellen intelligent miteinander vernetzt und smarte Geräte die jeweils relevanten Informationen in Echtzeit verarbeiten und bedarfsgerecht kombinieren.... Die Verfügbarkeit und Zuverlässigkeit (mobiler) Breitbandnetze ist eine zentrale Voraussetzung für die Realisierung aller Positivszenarien. Umgekehrt sind es oft Defizite bei der Netzverfügbarkeit, die den Ausschlag dafür geben, dass ein Szenario in den negativen Bereich tendiert."[122] Es liegt am gesellschaftlichen Konsens, technische Möglichkeiten zum Wohlfahrtsgewinn zu nutzen,

---

[122] Ebenda S.4 und 10/11

nur sollte dieser Konsens in der Planung und Umsetzung konstruiert werden und nicht als Reflex ungewollter Folgen technischer Entwicklungen ungeordnet entstehen. Die sozialen Parameter technischer Entwicklungen müssen frühzeitig gesetzt werden, sie unterliegen zudem einem ständigen Überprüfungs- und Korrekturprozess. Die Gigabitgesellschaft wird kommen, weil sie technisch möglich ist und weil konkurrierende Staaten sie zu ihrem (Wettbewerbs -) Vorteil anwenden werden. Die Entwicklung dieser Technologien muss jedoch zu einem Wohlfahrtsvorteil genutzt werden! Ein purer Wettbewerbsvorteil berücksichtigt nicht kritische Faktoren wie die Offenlegung persönlicher Daten, die Sensibilität im Umgang mit der Informationsflut, die richtige Balance zwischen Offenheit und Schutz der Privatheit, der Ressourcenschonung, den sozialen Folgekosten, der Ermöglichung des technologischen Fortschritts für Rentner usw. Wie also sinnvoll handeln bei der Umsetzung der Gigabitgesellschaft? Gremien des Staatsfonds, politische, öffentliche oder private  Initiatoren können initiativ werden und ein Langzeitkonzept einfordern, das unter Federführung des Staatsfondsgremiums und unter Beteiligung vielfältiger Interessensgruppen erstellt wird. Eine Zeit- und eine Kontrollschiene flankieren den zukünftigen Weg der Umsetzung. Steht das prinzipielle Konzept, so erfolgen Ausschreibungen. Besteht z.B. Bedarf in Höhe von 10 Mrd. € für den Ausbau mobiler und stationärer Internetversorgung durch den Ausbau des mobilen breitbandigen Internets und glasfaserbasierter Festnetzanschlüsse, so können sich Staatsfonds und private Investoren zur Hälfte beteiligen. Eine Vergütung privater Investoren zur Hälfte, also in Höhe von 5 Mrd. €, kann unter Berücksichtigung der Verwendungskriterien und `Wohlfahrtsvorgaben` durch Lizenzanteile abgegolten werden. Der Staatsfonds wird durch eine Verzinsung von 3,5 % und eine Konjunktur abhängige Tilgungsrate  vergütet. Der Staat zahlt also bei einem Investitionsvolumen von 10 Mrd. € nur einen Teilbetrag, die langfristige Zins- und Tilgungsphase ist tragbar und wird durch Wohlfahrts- und Wettbewerbsgewinne kompensiert.  Die Kriterien des Staatsfonds sorgen für eine seriöse Ausschreibung und Durchführung. Selbst bei einer vollständigen Rückzahlung und einer jährlichen Verzinsung von 3,5 % und einer Tilgungsrate von 2% hätte der Staat Ausgaben von jährlich 550 Mio. €  bei einem Investitionsvolumen von 10 Mrd. €. Die Lizenzvergabe oder Leasingverträge für die zeitlich begrenzte Nutzung von mobilen und/oder stationären Festnetzanschlüssen können Gewinne erbringen, zumindest Kosten reduzieren. Nochmals zur Verdeutlichung: diese Art neomerkantilistischer Wirtschaftspolitik bewirkt dreierlei:

1. Die Verwendung von Kapital in gewollte realwirtschaftliche Projekte
2. Sozialpolitisch verträgliche Investitionen und Gewinnausschüttungen
3. Gesellschaftliche Transparenz und Kontrolle durch die Öffentlichkeit

Die Beispiele verdeutlichen die Wichtigkeit eines unabhängigen, mit Sachkompetenz besetzten und durch Sozialkriterien instrumentalisierten Wirtschaftsinstituts, das einen anderen Charakter besitzt als die bisherigen einseitig orientierten Wirtschaftsinstitute. Der Ausbau der Staatsfondsaktivitäten  muss sich nicht auf Kauf und Verkauf von Wertpapieren und Beteiligungen an nationalen Projekten beschränken. In einer weiteren Entwicklungsphase, quasi Phase IV, kann der Staatsfonds sich an europäischen und außereuropäischen  Entwicklungsprojekten beteiligen, er kann mit als Teil eines europäischen Staatsfonds partiell kooperieren, er kann zu einer Angleichung und Verbesserung europäischer Sozialnormen beitragen, er kann Unternehmen, die in ökologisch und ökonomisch sinnvollen Projekten mit Firmen aus Entwicklungsländern zusammenarbeiten, finanziell unterstützen usw. Das Schaubild veranschaulicht die Möglichkeiten globaler Aktivitäten:

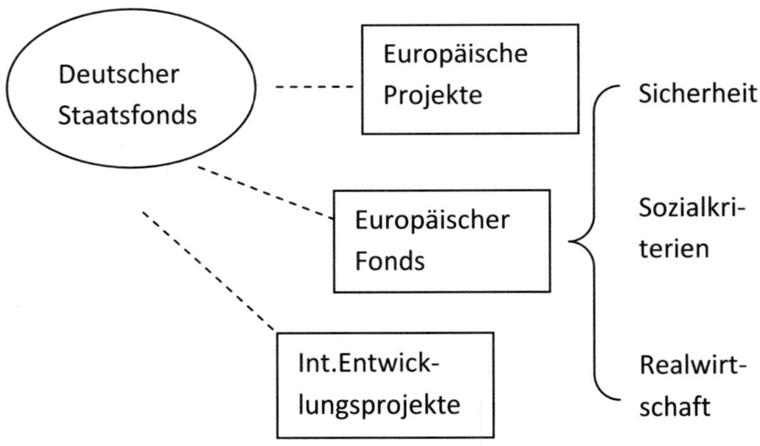


Der Pfad des Norwegischen Staatsfonds zeugt von ständiger Erweiterung der Aufgaben und der Verantwortung. Mit dem Konstrukt eines Staatsfonds eröffnen sich Möglichkeiten, Kapital transparent und realwirtschaftlich sinnvoll in sozialverträglich hochwertige Projekte und Unternehmungen zu lenken, quasi als eine Neuorientierung marktwirtschaftlicher Wirtschaftspolitik.

Die bisherige Wirtschaftspolitik legte ihre Schwerpunkte auf Subventionierung, oft unkontrolliert und nach Wünschen einer Wahlklientel, ferner auf wirtschaftspolitische, nach Keynes ausgerichtete Konjunkturprogramme nach dem Gießkannenprinzip und – besonders kritikwürdig - ohne strategischen Plan! Gerade in Zeiten rasanter technischer Entwicklungen können wir uns weder aus Wettbewerbsgründen noch aus Achtung vor dem sozialen Fundus, der erhalten und ausgebaut werden soll, eine zur Instabilität neigende, nur reagierende Wirtschaftspolitik nicht mehr leisten! Die dargelegten Vorschläge beschreiben eine evolutionäre und machbare Entwicklungsmöglichkeit für die Zukunft. Sie basieren auf Transparenz, auf demokratisch legitimierten Entscheidungsgremien und auf Sachkompetenz. Zielsetzung sind Erhalt und Ausbau des Wohlfahrtsstaats, langfristige Perspektive besteht in dem Ausbau dieses Projekts für europäische und internationale Wohlfahrtszwecke.

- Zentralbankpolitik

Mit der Eurokrise bekam die Europäische Zentralbank zunehmend die Bedeutung eines lender of last resort (Kreditgeber der letzten Zuflucht). Im Januar 2015 verkündete der EZB-Präsident Kredite in Höhe von 1140 Milliarden € den Banken zur Verfügung zu stellen. Genau formuliert kauft die EZB seit dem 9.März 2015 monatliche Wertpapiere in Höhe von 60 Milliarden € den Banken ab, die dieses Geld an Unternehmen weiterverleihen sollen und somit für die europäische Wirtschaft einen neuen Wachstumsschub erhofft. Soweit die Theorie. Uns interessiert zunächst die Frage, welche Papiere auf dem sogenannten Offenmarkt von der EZB gekauft bzw.von den Banken verkauft werden. Wir können diese Papiere vereinfacht in drei große Bereiche einteilen. Einmal kauft die EZB Staatsanleihen, nicht direkt –das darf sie nicht- aber indirekt über Banken. Dann gibt es Unternehmensanleihen ( corporate bonds) und Bankanleihen (covered bonds). Zum Dritten kauft sie SSA-Anleihen, das sind Schuldverschreibungen von staatlichen oder staatsnahen Organisationen wie z.B. der europäischen Investitionsbank oder der deutschen Förderbank KfW. Vielleicht haben Sie als Leser auch bei ihrer Photovoltaikanlage einen Kredit von der KfW erhalten, dieser Kredit besagt, dass ein Tausch stattgefunden hat zwischen Ihnen und der KfW. Für die Geldmenge des Kredits erhielt die KfW einen Vertrag, der beinhaltet, dass sie Forderungen in bestimmter Zinshöhe und bei festgeschriebener Laufzeit an Sie hat. Mit dieser Schuldverschreibung kann die KfW zeitnah wenig anfangen, denn eine Schuldverschreibung ist kein Geld und sie kann somit nicht für weitere Geschäfte genutzt werden. Die EZB kauft diese Papiere auf und die KfW erhält im Gegenzug frisches Geld, das sie für neue Kredite verwenden kann.

Diese Papiere müssen eine gewisse Bonität besitzen, das heißt es sollte gewährleistet sein, dass die Forderungen erfüllt werden und die Schulden zurückgezahlt werden. Soweit das theoretische Gedankenspiel dieser Deals. Die EZB akzeptiert Anleihen des investment grade – Ratings, das wäre bei der Ratingagentur Standard & Poor's noch die Ratingrate BBB-, also die mittlere Stufe der Skala zwischen AAA und CCC. Über die wahre Qualität dieser Papiere  lässt sich also streiten, ebenso über das Vorgehen der Ankündigung, „unbegrenzt" Staatspapiere aufzukaufen. Für unser Gedankenspiel wichtiger ist die Tatsache, dass der Offenmarkt mit dem Kauf und Verkauf von Wertpapieren zwischen Notenbank und Privatbanken ein Instrumentarium darstellt, das sinnvoller genutzt werden könnte! Wenn die Notenbank nur Papiere akzeptieren würde, die den Sozialkriterien eines europäischen Staatsfonds gerecht werden, so hätte diese Vorgehensweise den Mitzieh-Effekt, dass Banken Kredite nur an diejenigen Unternehmen (oder Banken) vergeben werden, die eben diese Kriterien erfüllen! Im Fachjargon nennt man solche Handhabung „determinierte Entscheidung". Ein weiterer Vorschlag wäre, dass die Zentralbank Kredite höchster Bonität nach den Sozialkriterien des Staatsfonds selber an Unternehmen vergibt. Die Kreditbedingungen wären somit günstiger als die Kreditkosten bei Privatbanken. So ganz utopisch ist dieser Vorschlag nicht, denn im Jahre 1910 kaufte die damalige Reichsbank Wechsel von insgesamt 66821 Kunden, wovon nur 2361 Banken gewesen waren. Der kleinste Kredit betrug lediglich 10 Reichsmark![123] In derselben Quelle finden wir eine interessante Formulierung der Zielsetzung der Reichsbankpolitik: „Fortschritt definierte sich in dieser Periode (und definiert sich vielleicht zu allen Zeiten) als die geglückte Einspannung privater Interessen für das allgemeine Wohl."[124] Im Grunde rettet momentan die EZB die Krise, indem sie Geld zur Verfügung stellt und somit Zeit gewinnt. Diese Art der Geldpolitik unterstützt in keinster Weise die Förderung zukunftsfördernder Strukturen, schon gar nicht eine sozial verträgliche Investitionspolitik und somit auch nicht den Fortschritt! Die Instrumente einer vernünftigen Wirtschaftspolitik wären durchaus vorhanden, von der Theorie der sozialen Marktwirtschaft bis hin zu Lenkungsinstrumenten im oben beschriebenen Sinne. Diese Instrumente müssen ausgearbeitet

---

[123] Siehe „Fünfzig Jahre Deutsche Mark", Notenbank und Währung in Deutschland seit 1948, hrsg. von der Deutschen Bundesbank, München 1998, S.40
[124] Ebenda S.37

werden und als politische Forderungen programmatisch Wirksamkeit erzielen.

## VI  Das Zeitalter des Anthropozän

Am 20.November 2013 erschien im Wissenschaftsteil der FAZ[125] ein Interview mit dem Chemie-Nobelpreisträger Paul J. Crutzen. Der deutsch-niederländische Atmosphärenchemiker beschäftigte sich lange Zeit mit der Problematik des Ozonlochs, desweiteren mit den radikalen Veränderungen unseres Planeten. In diesem Interview gebrauchte er den Begriff Anthropozän für das gegenwärtige Zeitalter. Anthropozän bedeutet, dass der Mensch selber ein geologischer Faktor wird, d.h. der Mensch hinterlässt Spuren, die lange Zeit in der Geologie der Erde erhalten bleiben, oder anders formuliert:

*Nicht der Mensch ist der Natur ausgeliefert, sondern die Natur dem Menschen.*

Der Begriff Anthropozän wurde von dem Biologen Eugene F. Stoermer kreiert und von P. Crutzen in der Fachzeitschrift Nature im Jahre 2002 erläutert.[126] Dieser Artikel konstatiert sachlich die Langzeitfolgen unseres materiellen Konsums und gibt Warnungen sowie Vorschläge. Die Bedeutsamkeit der mit dem Terminus Anthropozän verbundenen Thematik belegen zwei weitere, empfehlenswerte Bücher, die eine Bestandsaufnahme der Mutter Erde vornehmen. Dieter Eich/Ralf Leonhard beschäfti-

---

[125] FAZ vom 20.November 2013, Nr. 270, Seite 2N

[126] Nature 415, 23 (3 January 2002) , dazu ein Zitat Stoermers aus der New York Times vom 11.Mai 2011: *'I began using the term "anthropocene" in the 1980s, but never formalized it until Paul [Crutzen] contacted me'*,
 Quelle: http://dotearth.blogs.nytimes.com/2011/05/11/confronting-the-anthropocene/?_r=0 (28.11.2013)

gen sich in ihrem Buch „Umkämpfte Rohstoffe" ausführlich mit der Frage der Knappheit der Ressourcen.[127] Die Untersuchungen der Autoren zeichnen ein Bild von Verschwendung, Raubbau an der Natur und ungerechter Verteilung von Armut und Reichtum. Beispielhaft einige Fakten :

- 1,3 Mrd. Tonnen Lebensmittel, das entspricht einem Drittel der Lebensmittelproduktion, geht verloren oder wird weggeschmissen.[128]
- ½ Mrd. Menschen ist vom Hunger bedroht [129]
- Jedes Jahr verliert die Welt 344 Mrd. Tonnen Eis (Arktis, Grönland, Gletscher)[130]
- 884 Mio. Menschen haben keinen Zugang zu sauberem Trinkwasser[131]
- Agrotreibstoffe haben in den letzten fünf Jahren mehr als 100 Mio. Tonnen Getreide entzogen[132]
- Malaysia hat 90% seines Regenwaldes verloren[133]

Ähnliche Bilanzen ziehen die Autoren Mc Neill und Peter Engelke in dem historischen Reader „Mensch und Umwelt im Zeitalter des Anthropozäns".[134] Analog zu Crutzen fassen sie die Veränderungen auf der Erde zusammen: „Fossile Brennstoffe,

---

[127] Dieter Eich & Ralf Leonhard, Umkämpfte Rohstoffe, Märkte-Opfer-Profiteure, Berlin 2013
[128] Ebenda S.49
[129] Ebenda S.51
[130] Ebenda S.53
[131] Ebenda S.54
[132] Ebenda S.92
[133] Ebenda S.93
[134] John Mc Neill und Peter Engelke, Mensch und Umwelt im Zeitalter des Anthropozäns, in :Akira Iriye und Jürgen Osterhammel (Hg.), Geschichte der Welt, 1945 bis heute, Die globalisierte Welt, München 2013, S. 357-534

Kernenergie und Wasserkraft hinterließen aufgrund ihrer je besonderen Eigenschaften in der Biosphäre ihre unauslöschlichen Spuren, als Verschmutzung, Strahlung, riesige Reservoirs und anderes."[135] In einem historischen Durchlauf seit Beginn der Industrialisierung im ausgehenden 18.Jahrhundert geben die Autoren zahlreiche Beispiele für Belastungen, die letztendlich die Bezeichnung eines neuen Erdzeitalters rechtfertigen. Drei Entwicklungen führen nach Ansicht der Autoren zur Gefährdungslage:

### a) Der Anstieg der Weltbevölkerung mit zunehmendem Energie- und Konsumbedarf

- Dazu einige konkrete Folgen :Im Laufe einer Lebensspanne, zwischen 1945 und 2010, verdreifachte sich die Weltbevölkerung von rund 2,3 Milliarden auf 6,9 Milliarden Menschen.[136]
- Das Bevölkerungswachstum kann als ein Hauptgrund des erhöhten weltweiten Wasserverbrauchs gelten.[137]
- In den 45 Jahren nach 1965 stieg der Energiebedarf in China um das Zwölffache, in Indien um das Neunfache, in Ägypten um das Neun- bis Zehnfache.[138]
- Zwischen 1950 und 1960 verdoppelte die Seefischerei weltweit ihre Fangmengen. Bis 1970 verdoppelte sich das Volumen abermals.[139]

---

[135] Ebenda S.395
[136] Ebenda S.396
[137] Ebenda S.405
[138] Ebenda S.368
[139] Ebenda S.406

- Allein im 20. Jahrhundert töteten Walfänger mehr als eine Million Tiere.[140]

- Heute gibt es weltweit annähernd 500 Städte mit einer Bevölkerung von mehr als einer Million Menschen, über 60 Städte mit mindestens 5 Millionen Menschen und acht mit mehr als 20 Millionen.[141]

- Dhaka, die Hauptstadt Bangladeschs, hatte 1950 400.000 Einwohner, 2007 13 Millionen Einwohner.[142]

- Zu Beginn des 21. Jahrhunderts wurden weltweit jährlich rund 150 bis 200 Millionen Tonnen Kunststoff produziert, etwa 75- 125- mal so viel wie 1950 und rund 3000 bis 5000- mal so viel wie 1930.[143]

## b) Die Entwicklung von Industrie und Produktivität

Konkrete Folgen sind unter Anderem:

- In den 1980er Jahren war eine einzige Person mit einem vollgetankten großen Traktor in der Lage, in den nordamerikanischen Ebenen an einem Tag 45 Hektar zu pflügen und so die gleiche Arbeit zu verrichten, für die es siebzig Jahre zuvor 55 Männer und 110 Pferde gebraucht hätte.[144]

- Zur Entwicklung der Verbrennung fossiler Brennstoffe hellt die folgende Tabelle auf:[145]

---

[140] Ebenda S.440
[141] Ebenda S.446
[142] Ebenda S.456
[143] Ebenda S.476
[144] Ebenda S.394
[145] Ebenda S.417

| Zeitraum | Menge der Freisetzung von Kohlenstoffverbindungen in der Atmosphäre pro Jahr |
|---|---|
| 1750 | 3 Mio. Tonnen Kohlenstoffverbindungen |
| 1850 | 50 Mio. Tonnen Kohlenstoffverbindungen |
| 1950 | 1200 Mio. Tonnen Kohlenstoffverbindungen |
| 1965 | 2500 Mio. Tonnen Kohlenstoffverbindungen |
| 1970 | 4000 Mio. Tonnen Kohlenstoffverbindungen |
| 1990 | 6000 Mio. Tonnen Kohlenstoffverbindungen |
| 2006 | 8200 Mio. Tonnen Kohlenstoffverbindungen |

- 2005 gab es weltweit rund 40.000 Ölfelder, in keinem Fall war die Umwelt intakt.[146]
- Zwischen 1950-2010 dürfte durch toxische Verbindungen belastete Luft global zwischen 30-40 Millionen Menschen das Leben gekostet haben, in jüngster Zeit vor allem in China.[147]
- 1986 meinte der *Economist*, das führende britische Wirtschaftsmagazin: „Die Nuklearindustrie bleibt so sicher wie eine Schokoladenfabrik." ... Vier Wochen später explodierte in Tschernobyl ein drei Jahre zuvor fertiggestellter Reaktor. Durch die Explosion und das anschließende Feuer wurde hunderte Male mehr Radioaktivität

---

[146] Ebenda S.371
[147] Ebenda S.381

freigesetzt als 41 Jahre zuvor in Hiroshima und Nagasaki bei dem Atombombenabwurf.[148]

- Bis 2010 hatten sich in den USA rund 62000 Tonnen abgebrannter nuklearer Spaltabfälle angesammelt, ohne dass eine Endlagermöglichkeit existierte.[149]
- Die Konzentration des Kohlendioxids in der Atmosphäre lag 1945 bei rund 310 ppm, 2010 bei rund 385 ppm ( ppm = parts per million).[150]
- Im Jahre 2010 waren zwischen 15 und 20 Prozent des Regenwaldes der 1970er Jahre für Weideflächen oder Ackerland gerodet.[151]
- Eine Schätzung veranschlagt für die fünf Jahrzehnte nach 1950 insgesamt 555 Millionen Hektar zerstörter tropischer Wälder, eine Fläche größer als halb China.[152]
- In den europäischen Alpen gingen die Gletscher zwischen 1975 und 2000 um ungefähr 1% pro Jahr zurück, seit 2000 zwischen 2 und 3 Prozent jährlich.[153]

### c) Kriege und das Wettrüsten

Auch hierzu konkrete Beispiele:

- Die USA bauten rund 70.000 Nuklearsprengköpfe und führten zwischen 1945 und 1990 mehr als 1000 Atom-

---


[148] Ebenda S.384
[149] Ebenda S.387
[150] Ebenda S.407
[151] Ebenda S.411
[152] Ebenda S.435
[153] Ebenda S.420

bombentests durch, die UdSSR bauten 45.000 atomare Gefechtsköpfe und testeten 715 Atombomben.[154]

- Der Bau von Atomwaffen verschlang ein Zehntel der weltweit gewerblich erzeugten Strommenge. [155]
- Extrem hoch dosierte Radioaktivität verseuchte die Gegend um den Karatschai-See, ab 1951 Lagerstätte für Nuklearabfälle. Im See konzentriert sich 24-mal mehr Strahlung als bei der Katastrophe von Tschernobyl freigesetzt wurde.[156]
- Die Verpflichtung, sich um Rückstände verschiedener radioaktiver Substanzen, wie sie in Kernwaffen Verwendung finden, zu kümmern, wird über die nächsten 3000 Generationen immer weitergegeben.[157]
- Durch ausländische Unterstützung kamen im angolanischen Bürgerkrieg rund 15 Millionen Landminen zum Einsatz, die mehr Menschen verstümmelten als irgendwo sonst auf der Welt.[158]

### d) Folgen des Wachstums

Mc Neill und Engelke gelangen zu folgender Schlussfolgerung: „Trotz erheblicher regionaler und diachroner Unterschiede von Jahrzehnt zu Jahrzehnt war schnelles Wachstum das auffälligste Merkmal der Weltwirtschaft nach 1945. Billige Energie, technologische Innovation und Integration von Märkten trugen dazu bei, Pro-Kopf-Zuwächse zu generieren, die in der Menschheits-

---

[154] Ebenda S. 495
[155] Ebenda S.492
[156] Ebenda S.499
[157] Ebenda S.502
[158] Ebenda S.509

geschichte ohne Beispiel waren. Niemals zuvor haben drei aufeinanderfolgende Generationen Vergleichbares erlebt wie diejenigen, die zwischen 1945 und 2010  am Leben waren. Dieses spektakuläre Wachstum ließ die Konsumniveaus mehrerer Milliarden Menschen steigen- und ebenso die Zukunftserwartungen der restlichen Erdenbewohner." [159]

Wohin führt uns diese Entwicklung? Befinden wir uns noch in der Remis-Zone und ist das „Lebensspiel" noch zu retten oder befinden wir uns im letzten Drittel eines verloren gegangenen Spiels? Wir wissen es nicht, aber vielleicht können wir uns in eine Verlängerung retten? Viele Menschen an allen Plätzen der Erde haben dieses Umkehr-Bewusstsein bereits, sie kämpfen gegen Umweltbelastungen und Konsumauswüchse, gleichzeitig besteht bei Millionen von Menschen der Durst nach Wohlstand und Nacheifern der westlichen Konsumgesellschaft. Carl Sauer erwähnt die für den Okzident charakteristische *frontier attitude* [160], die Bestandteil weiterer Konsum orientierter Gesellschaften zu werden droht. Ghandi formulierte bereits 1928 die These, dass die bevölkerungsreichsten Nationen (speziell China und Indien) die Überlebenschancen der menschlichen Spezies riskieren würden, falls sie die Verschwendung der mächtigsten Staaten nachahmten. [161] Bezeichnend für die Übernahme westlicher Denkart steht  ein banaler Satz in einem Allerweltsartikel über ein G-20 Treffen der Finanzminister am 18.Februar. Die FAZ

---

[159] Ebenda S.487

[160] Carl Sauer, Theme of Plant andAnimal Destruction in Economic History, in Land and Life (Berkeley; University of California Press, 1963)

[161] Siehe Guha Ramachandra, How much should a person consume, Environmentalism in India and the United States, University of California Press, Berleley and Los Angeles, 2006, S.238

schreibt wörtlich: „ Schon vor der Konferenz haben China und Indien den Druck auf die amerikanische Zentralbank erhöht, ihre Geldpolitik stärker an globalen Bedürfnissen auszurichten." [162] Gemeint ist die Rücknahme angekündigter Verringerung amerikanischer Anleihekäufe durch die FED, also eine leicht restriktive Geldpolitik der US-Notenbank, die Kapitalrückflüsse aus den Wachstumsmärkten zur Folge haben könnte. Aber entsprechen geldpolitische Maßnahmen und Kapitalflüsse wirklich globalen Bedürfnissen? – Ja, natürlich, sagen Befürworter dieses Denkens, denn nur durch die Bereitschaft von billigem Kapital ist Wachstum möglich, und in Folge dessen werden Arbeitsplätze gesichert und Schulen und Straßen gebaut. – Pardon, sagen wir, globale Bedürfnisse sind Bekämpfung von Armut, Ermöglichung von Chancen für Kinder, Ressourcenschonung usw. Die bloße Bereitstellung von Kapital lenkt nicht automatisch in die Befriedung  der wirklichen Bedürfnisse! Diese liegen auf ganz anderen Ebenen und eine Befriedung der wahren Bedürfnisse liegt zum Beispiel in der Aufgabe, in Zukunft die Welternährung zu sichern. So betrifft eine aktuelle Warnung den drohenden Mangel an Phosphor, das für die Herstellung von Düngemitteln und somit für die Welternährung elementar ist. Es gilt Anstrengungen zu unternehmen, dass Phosphor recycelt wird, um zukünftige Ernährungskrisen zu verhindern. An diesem Beispiel wird ersichtlich, dass a) wir ein Bewusstsein schaffen müssen für die Probleme der Gegenwart und noch mehr für die Probleme der Zukunft und b) technische, politische und auch wirtschaftliche Instrumente vorhanden sind oder geschaffen werden kön-

---

[162] FAZ vom 19.2.2014, S.11, Artikel mit der Überschrift *Indien und China machen Druck auf Washington*

nen, um die Probleme der Zukunft zu bewältigen. Als Basis dazu dient eine Bestandsaufnahme mit den richtigen Schlussfolgerungen.

Fassen wir in Thesenform zusammen:

*Seit der Industriellen Revolution steigen Wohlstand und Lebenserwartung der Menschheit*

Einher ging diese Entwicklung mit der Sozialen Frage, ungerechter Verteilung und Ausbeutung der Ressourcen, unabhängig vom jeweiligen politischen System. Diese „Kollateralschäden" des Wachstums finden sich in allen beobachtbaren Gesellschaften, verstärkt und elementarer noch in denjenigen mit dem ideologischen Anspruch der Schaffung einer gerechten Welt.[163]

*Das marktwirtschaftliche Wirtschaftssystem mit freien Konsum- und Produktionsentscheidungen erwies sich als Fortschrittsmotor und gegenüber dem System der Zentralverwaltungswirtschaft als überlegen.*

Aufmerksame Leser und Kritiker der wirtschaftlichen Situation wird diese Aussage überraschen, trotzdem entspricht sie zunächst der Wahrheit. Die Dynamik des Marktes wirkt unübertroffen, wie der Wandel in den sogenannten emerging markets gegenwärtig verdeutlicht. Soziale Frage, ungerechte Verteilung und Ressourcenraubbau ändern nichts an der Tatsache, dass nur marktwirtschaftliche Systeme in der Lage sind, schnell, umfassend und innovativ Verbrauchernachfragen zu befriedigen. Nicht der Markt an sich führt zu den beklagten Fehlentwicklungen, es ist die fehlerhafte Preisgestaltung, die die Kosten der

---

[163] Anspielung auf diverse Spielarten des Marxismus, dessen Umsetzung völlig versagte

Fehlentwicklungen auf den Staat oder die Gemeinschaft abwälzt anstatt im Preis eingespeist zu sein. Wie teuer wäre Atomstrom, wenn Endlagerung, Unfallschutz und Unfallversicherungsleistungen im Preis enthalten wären?

Mit dem Zusammenbruch des Ostblocks und der marktwirtschaftlichen Orientierung in China, der Vernetzung von Kapitalströmen und Kommunikationswegen und der Öffnung der Grenzen für Faktormärkte und Gütermärkte, auch mit dem Bevölkerungswachstum in den südlichen Ländern steigen Konsumbedarf und materieller Wohlstand einerseits, aber auch soziale und ökologische Herausforderungen und Bedrohungen. Der Eingang des Begriffes Anthropozän in unser Bewusstsein, die Erlangung einer ähnlichen Popularität wie die durch „Jurassic Park“ geprägten Begriffe des Jura und der Kreidezeit würde helfen, stärker für die Dimension unseres Verhaltens zu sensibilisieren. Das Anthropozän könnte als interdisziplinärer Denkrahmen naturwissenschaftliche und sozialwissenschaftliche Konzepte verknüpfen.

Und es gibt Ansätze! So präsentiert das Deutsche Museum auf 1500 Quadratmetern eine Sonderausstellung mit dem Titel „Willkommen im Anthropozän“.[164] In der Fachliteratur diverser Wissenschaften findet der Begriff Eingang, so auch in der Untersuchung von Elizabeth Kolbert über das vom Menschen verursachte Artensterben.[165] Im Wissenschaftsteil der FAZ finden sich regelmäßig Berichte über die „Spuren der Wegwerfgesell-

---

[164] Deutsches Museum München, Sonderausstellung vom 5.Dezember 2015 bis 31. Januar 2016
[165] Siehe: Elizabeth Kolbert, Das sechste Sterben. Wie der Mensch Naturgeschichte schreibt, Berlin 2015

schaft"[166]. Der vermeintliche Widerspruch zwischen Ökologie und Ökonomie drückt sich in den zwei Überschriften eines FAZ-Artikels vom 15. März 2014 aus. In fett gedruckten Lettern steht: Norwegen-Staatsfonds will Bergbau loswerden, dem folgt die kleinere Überschrift „Klimaschutzpläne beunruhigen die Branchen". Dieser Artikel dokumentiert zugleich die Macht und die mögliche Bedeutung von Staatsfonds. Dem norwegischen Staatsfonds, dem rund ein Prozent des globalen Aktienkapitals gehört, erklärte öffentlich nur Unternehmen zu unterstützen, die nachhaltig produzieren. Konkret handelnd verkaufte der Staatsfonds 75 Prozent seiner Anteile an 27 Rohstoffkonzernen.[167] Am 28.Mai 2015 verkündete der Staatsfonds einen vollkommenen Kohleboykott.[168] Diese Maßnahme wurde vom Finanzausschuss des norwegischen Parlaments initiiert. Geplant ist der Verkauf von Beteiligungen von „nur" 4,5 Milliarden Dollar, „…doch die Signalwirkung ist groß: immer mehr Großanleger überdenken ihre Investition in fossile Brennstoffe wie Kohle und Erdöl – ob aus moralischen Gründen oder weil ihnen diese finanziell zu riskant werden."[169] Konzerne wie EON und RWE würden diese Trendwende spüren und ihre Energiepolitik grundlegend überdenken müssen. Selbst in China findet nach drei Jahrzehnten ungebremsten Wachstums ein erstes Umdenken statt. So veröffentlichte das Institut für Umweltplanung einen Bericht, worin es rät, zukünftig das Hauptaugenmerk auf eine saubere Umwelt zu

---

[166] U.a. FAZ vom 7.Mai 2014 ; Vermüllte Meere
[167] FAZ vom 15.3.2014
[168] Siehe FAZ vom 28.5.2015 „Größter Staatsfonds der Welt plant Kohle-Boykott"
[169] ebenda

legen.[170] Vielleicht stecken wir schon in einer Epoche der Ökonomisierung der Ökologie, geweissagt von den Ökonomen Sukhdev und Sharma: „ Als der größte Akteur spielen Unternehmen bei der Schaffung der richtigen Ökonomie für das Anthropozän eine äußerst wichtige Rolle. Aufgrund ihrer negativen Externalitäten waren sie ein Großteil des Problems. Sie können jedoch auch gleichermaßen Teil der Lösung sein."[171]

----------------------------------

---

[170] Siehe FAZ vom 11.April 2015
[171] Pavan Sukhdev und Kavita Sharma, Eine neue Ökonomie für das Anthropozän, in Museumskatalog der Ausstellung des Deutschen Museums München, Willkommen im Anthropozän, München 2015, S.78

# Umweltbewusstsein

Die folgenden Bilder dokumentieren das mangelnde Umweltbewusstsein in vielen Ländern. Die exemplarischen Beispiele entstammen Reisen durch Guatemala, China und Taiwan. Der Verweis auf fehlendes Umweltbewusstsein soll nicht als Affront gegen die Bevölkerung dieser Länder gewertet werden, sondern exemplarisch für die Problematik aufmerksam machen. Mangelhaftes Umweltbewusstsein offenbart sich in den hoch entwickelten Industrienationen oftmals weniger sichtbar, ist aber vorhanden.

Dieses Bild und die folgenden zwei Bilder sind von Felix Jacobs, Aachen im Jahre 2014 in Guatemala aufgenommen worden

Taiwan 2008, Quelle: Matthias Lott

Beijing 2012, Quelle: Matthias Lott

# Smog

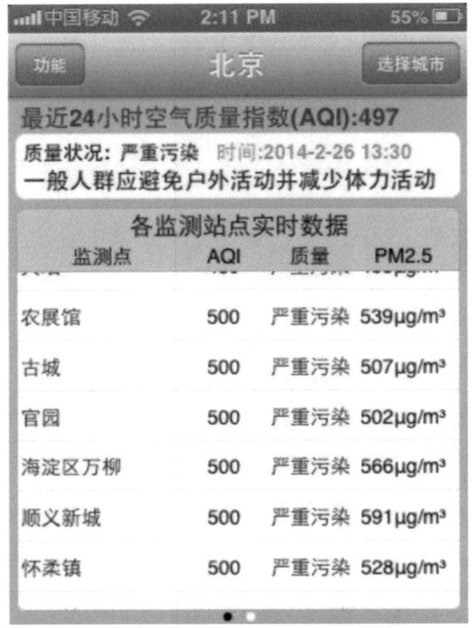

Bild-Quelle: Chelsea Lonan, Berlin

Aufgenommen in Peking am 26.Februar 2013

Die Feinstaubkonzentration erreichte auf dem Air Quality Index einen Wert von über 500, was etwas 400 Mikrogramm pro Kubikmeter entspricht. Erst eine Konzentration von unter 15 Mikrogramm gilt als gute Luftqualität.

# Die Folgen:

Bild-Quelle: Chelsea Lonan, Berlin

Aufgenommen in Peking am 26.Februar 2013

„In Peking und weiten Teilen Nord- und Ostchinas gehört der Feinstaub seit vielen Jahren zum Alltag.

884 Mikrogramm pro Kubikmeter war der höchste bislang gemessene Wert in Peking. In der Industriestadt Shijiazhuang südöstlich von Peking soll der Feinstaubwert am gleichen Tag sogar 1.100 Mikrogramm pro Kubikmeter überschritten haben. Im Südosten des Landes brannte zwischenzeitlich für mehrere Stunden eine ganze Fabrikanlage, ohne dass es jemandem auffiel."

Quelle:

http://www.zeit.de/wissen/umwelt/2013-01/china-smog-feinstaub-umwelt  (15.04.2014)

Hangzhou 2009, Quelle: Matthias Lott

Hangzhou 2009, Quelle: Matthias Lott

Beijing 2012, Quelle: Matthias Lott

## VII  Demokratie in der Krise

Die Europawahlen 2014 sind vorbei und eine Ernüchterung macht sich breit. [172] In Frankreich siegte die Front National mit 24,85% und 24 Sitzen  vor den Konservativen (20,8%/20Abg.), die regierenden Sozialisten Hollande's wurden mit nur 13,98% (13 Abg.) regelrecht abgestraft. Im Großbritannien siegte die UKIP mit 27,5%  und 24 Abgeordneten vor Labour (25,4%/20 Abg.) und den regierenden Tories  (23,9%/19 Abg.). In Deutschland erreichte die europakritische AfD 7,0% und zog mit 7 Abgeordneten ins europäische Parlament, das nunmehr aus rund

---

[172] Die folgende Zahlen basieren auf :
http://de.wikipedia.org/wiki/Europawahl_2014#Rechtsruck (24.08.2015)

19% rechten bzw. europakritischen Abgeordneten besteht. Als Folge dieses Wahlergebnisses wird die bestehende Mehrheit aus Konservativen und Sozialdemokraten stärker zusammenarbeiten gemäß der Methode Monnet, also auf dem Bestehenden verharrend und tiefgreifende Reformen vermeidend. Die Fakten verlangen freilich eine Kehrtwende der Politik. Der FAZ-Konjunkturbericht Euroraum titulierte die Überschrift „Wird Europa das neue Japan?"[173] und nannte beunruhigende Wirtschaftsfakten. So lag die Arbeitslosenquote im März 2014 in den 18 Staaten des Euroraums bei 11,8%, angeführt von Griechenland (26,5%), Spanien (25,3%) und Zypern mit 17,4%. Als „stabile" Länder erwiesen sich Österreich (4,9 %), Deutschland (5,1 %), Luxemburg (6,1 %). Nur sechs Länder wiesen ein positives Wirtschaftswachstum auf, durch das „hohe" Wachstum von 0,8 % in Deutschland erreichte der Euroraum immerhin ein Gesamtwachstum von 0,2%. Die Inflationsrate betrug 0,7 %, Länder wie Griechenland, Zypern, Portugal und die Slowakei weisen deflatorische Tendenzen auf. Faktoren wie der starke Euro, sinkende Rohstoff- und Nahrungsmittelpreise können entschuldigend angeführt werden, auch das langsamere Wachstum in China. Aber die Sorge um fehlende Wachstumsimpulse geht um und die bekannten Konzepte greifen einfach nicht mehr. Das Wahlergebnis zeigt den Zusammenhang von politischer und wirtschaftlicher (De-) Stabilität, bei aller Vorsicht in der Interpretation angesichts der niedrigen Wahlbeteiligung und angesichts der der Wahl zugemessenen Bedeutung. Diese Feststellung mag banal klingen, aber kann es sein, dass in scheinbar gefestigten Demokratien wie in Frankreich und Großbritannien bei weltweit

---

[173] FAZ vom 31.Mai 2014, Seite 20

hohem Lebensstandard wichtige Errungenschaften von einer nicht unwesentlichen Bevölkerungszahl in Frage gestellt werden? Warum erweist sich das demokratische System als fragil, warum scheiterten auch Demokratieversuche in Russland, im Irak, in Ägypten, warum setzten sich autokratische Führer in Venezuela und  Argentinien durch, warum gibt es Rückschläge in  Ländern wie Südafrika, Bangladesh, Thailand und Cambodscha? Solche und tiefer gehende Fragen stellte die Zeitschrift „The Economist" im März 2014 in dem Artikel mit der Überschrift „What´s gone wrong with democracy?" [174] Zunächst benennen die Autoren die Vorteile der Demokratie: Demokratien sind im Schnitt reicher, weniger kriegswillig und weniger korruptionsanfällig. Demokratie war der große Sieger der ideologischen Auseinandersetzungen des 20. Jahrhunderts, und – Alexis de Tocqueville zitierend- Demokratien erscheinen schwächer als sie in Wirklichkeit sind[175]. Doch die Krise der westlichen Demokratien hat zwei Ursachen: die Finanzkrise und den Aufstieg Chinas! Der Dynamik Chinas mit dem größeren Anstieg des Lebensstandards (jeweils Verdoppelung in einer Dekade in den letzten 30 Jahren) und der staatsdirektiven Vorgehensweise der chinesischen Politik wird der Stillstand der Demokratie im Westen gegenübergestellt. Für emerging markets verlieren westliche

---

[174] The Economist, March 1st-7th 2014, S.43-48. Die folgenden Aussagen beziehen sich auf diesen Artikel

[175] Ebenda S.47: „...democracies always look weaker than they really are: they are all confusion on the surface but have lots of hidden strengths. Being able to install alternative leaders offering alternative policies makes democracies better than autocracies at finding creative solutions to problems and rising to existential challenges..."

Modelle an Attraktivität. Der gegenwärtige Zustand der westlichen Demokratie ist geprägt von markanten Defiziten:

a) Es gibt einen Widerspruch zwischen aktuellen Bedürfnissen von Wählern und langfristigen Notwendigkeiten

b) Die Erfüllung von Bedürfnissen wird zunehmend fremdfinanziert

c) Die Anforderungen des Staates wachsen an, damit geht ein Freiheitsverlust des Individuums einher

d) Die Ansprüche an den Sozialstaat werden zunehmend unerfüllbar

e) Demokratie wird zur Gefälligkeitsdemokratie und zur bloßen Majoritätenbestimmung

Demokratie nimmt auch Scheinformen an wie die sogenannten ständigen Meinungsbefragungen in Medien, die eine partizipatorische Teilhabe an Entscheidungsprozessen suggerieren. Platon kritisierte den Mangel an Wertorientierung in der attischen (direkten) Demokratie. Bürger stimmen nach der Laune des Moments ab und nicht nach langfristig ausgerichteter Orientierung. Prinzipiell deckt sich dieser Eindruck, wenn verstärkte Sparanstrengungen in einer überschuldeten Gesellschaft auf so heftigen Widerstand geraten wie gegenwärtig, die Ereignisse in Frankreich seien Beleg dafür. [176] Die Wahlbeteiligung fällt in den Demokratien, auch die Parteienmitgliedschaft nimmt ab. Nur 1% der Briten ist gegenwärtig Mitglied einer Partei, 1950 waren es noch 20%.[177] In den Jahren von 1990 bis 2012 verzeichnete die CDU einen Mitgliederschwund von 39,7%, die SPD ver-

---

[176] Info zu den Protesten gegen den Sparkurs der franz. Regierung entnommen:http://www.tagesschau.de/ausland/frankreich-proteste100.html
[177] The Economist,March 1st 2014, p. 46

lor 49,4 %, die FDP gar 65,1 %. Nur die Grünen als ehemalige Protestpartei hatten einen Zulauf von 41.316 Mitgliedern auf 59.653, was einem Anstieg um 44,4 % entspricht.[178] Wir dürfen dennoch nicht den Fehler begehen, eine mangelhafte Wahlbeteiligung und einen Rückgang an politischem Engagement in den Parteien als Abkehr der Bürger von Demokratie zu interpretieren. Das demokratische Modell wird von der überwiegenden Mehrheit sicherlich als alternativlos betrachtet, aber der Grad der Wertschätzung der Demokratie orientiert sich zunehmend am materiellen Wohlbefinden, auch an der Transparenz und Durchschaubarkeit von politischen Entscheidungen, schließlich auch an den agierenden Personen des politischen Geschehens. Das System stagniert, wie Claus Offe, Professor für Politische Soziologie an der Hertie School of Governance in Berlin, treffend beschreibt: „Innovation? Wachstum? Vollbeschäftigung? Gerechtigkeit? Nachhaltigkeit? Fortschritt für wen und auf wessen Kosten? Es fällt der Politik schwer, diese Dinge in einen gedanklichen, geschweige denn praktischen Zusammenhang zu bringen. Das macht aber nichts. Die Politik hat sowieso alle Hände voll damit zu tun, Krisen zu managen, Bestände zu sichern, die Mindestabstände zu diversen Abgründen zu wahren."[179] Die Orientierung an materiellem Wachstum ohne Berücksichtigung der gesellschaftlichen Kosten verstellt den Blick auf den wahren Gebrauchswert von Gütern. Schon 1958 bemerkte Galbraith tref-

---

[178] Sämtliche Zahlenangaben aus: Parteimitglieder in Deutschland:Version 2013, Oskar Niedermayer, Arbeitshefte aus dem Otto-Stammer-Zentrum, Nr. 20, Berlin, Freie Universität Berlin 2013

[179] https://www.freitag.de/autoren/der-freitag/stagnation-als-utopie (24.08.2015)

fend: „ Autos sind wichtiger als die Straßen, auf denen sie fahren...Wir legen großen Wert auf die Vermehrung des Privateigentums, bejammern aber die zusätzlichen Kosten für die Polizei, die es schützen soll."[180] Dieses Umdenken, das auch Sukhdev fordert, findet nur peripher und selten praktisch statt, schon gar nicht als konstruktives politisches Arbeitspapier. Politiker denken in Kategorien des Tagesgeschehens, allenfalls in denen der Legislaturperiode, auch in Abhängigkeit von Meinungsumfragen, Medienvorgaben und im Reflex von Aktualitäten. Aktuelles Krisenmanagement eben, aber ohne die langfristige Krise im Blickfeld! Offensichtlich sind politische Kräfte nicht willens oder durchsetzungsfähig, notwendige und langfristig angelegte Lösungsansätze anzugehen. Was also ist zu tun? Wir benötigen ein Gesellschaftskonzept unserer zukünftigen Zivilisation! Dieses Konzept muss die Herausforderungen der Zukunft antizipieren, einen Wertekonsens beinhalten und demokratische Instrumente zur Verfügung stellen.

Wir brauchen Visionen, Sachbezogenheit und Praktikabilität! Die Errichtung eines Staatsfonds wäre ein relativ unbefangener und unverdächtiger Schritt in die richtige Richtung. Er könnte den Nährboden geben, endlich zwei wichtige Zukunftsaufgaben anzugehen, einmal endlich eine gesellschaftliche Schwerpunktsetzung, wie es einst in Japan und momentan in China und anderen emerging markets der Fall ist, also die Schaffung einer Zukunftsstruktur, zum andern eine Handhabung, diese Struktur schrittweise umzusetzen, ohne gravierende systemische Paradigmenwechsel vornehmen zu müssen. Die Entwicklung eines Staatsfonds, die Fortentwicklung von Berechnungsgrundlagen

---

[180] J.K.Galbraith, Gesellschaft im Überfluß, München/ Zürich,1958, S.149

für Anreize sozial verträglicher und somit unterstützungswürdiger Unternehmen, dies können Grundlagen sein für die Entwicklung einer neuen zivilen Kultur. Wenn Menschen die Profitabilität von Unternehmen, die sich ökologischen, sozialen, demokratischen und betriebswirtschaftlich fundierten Kriterien unterziehen, Gewinn bringend spüren, findet ein Umdenken statt, besser formuliert: eine Vertrauensänderung. „ Die größte Herausforderung in unserer gemeinsamen Zukunft ist also nicht das Lösen der Probleme, sondern die Entscheidung, sie auch lösen zu wollen."[181] Wir brauchen den aktivierenden Wohlfahrtsstaat und ein neues Gesellschaftsdesign, „…neue Formen des Regierens…, in denen staatliches Handeln zunehmend mit auf private Akteure setzt."[182] Vor allem benötigen wir ein anderes Gesellschaftsdesign, nicht eines, das alle Entscheidungen auf die polarisierende Frage „mehr Markt oder mehr Staat" reduziert. Entscheidungen müssen zukunfts - und sachorientiert getroffen werden. Politisch programmatisch muss deshalb von der Basis eine Zukunftsperspektive eingefordert werden. Dies wird durch die politischen Parteien nicht von selber geschehen, dafür sind sie zu stark in der Gegenwart verhaftet. Man muss anfügen, weit reichende Zukunftsmaßnahmen werden auch vom Wähler kaum honoriert, es sei denn, eine individuell spürbare Lukrativität wird erkennbar. Ein Deichbau für eventuelle Überschwemmungen in zwanzig Jahren wird erst dann zur Wahlkampflokomotive, wenn damit die Schaffung von 1000 Arbeitsplätzen einhergeht. Ein Staatsfonds wird nicht per se attraktiv, es sei denn,

---

[181] Jorgen Randers, 2052, Der neue Bericht an den Club of Rome, München 2012, S.277
[182] Rudof G. Hinze, Rückkehr des Staates? Wiesbaden 2009, S.16

Einzahlungen in den Fonds sind mit garantierten Sicherheiten, unbürokratischer Handhabung und variablen Gestaltungsmöglichkeiten der Beleihung für Ausbildung und Kindererziehung verbunden. Die oben bereits geforderte Balance zwischen individueller und gesellschaftlicher Wohlfahrt muss darin bestehen, individuelle Handlungsweisen in gesellschaftlich sinnvolle Zukunftsprojekte zu lenken, lenken jedoch im Sinne von Anreize setzen. Zeigen wir zum Schluss nochmals die Vorteile der Errichtung eines deutschen Staatsfonds auf. Zunächst unterscheidet sich ein Staatsfonds in unserem Sinne von beliebigen, auf den Kapitalmärkten befindlichen Fonds. Investitionen dieses Staatsfonds obliegen mehreren Prämissen. Erstens investiert er zukunftsträchtig, zweitens sozial, drittens ökologisch, viertens sicher mit Rücklagen, fünftens mit staatlicher Garantie. Sechstens werden Entscheidungen, was ökologisch, zukunftsträchtig und sozial sei im gesellschaftlichen Konsens getroffen, Siebtens basieren diese Entscheidungen auf der Berechnung und Einbeziehung externer Kosten, die von einem unabhängigen Institut auf wissenschaftlicher Basis ermittelt werden. Achtens obliegt der Staatsfonds der Kontrolle demokratisch legitimierter Vertretung, neuntens dienen die Prämissen des Staatsfonds als Befruchtung und Anregung politischer Auseinandersetzungen. Man stelle sich vor, ein deutscher Staatsfonds hätte adäquat zum norwegischen Staatsfonds in der Finanzkrise 2008 ein Volumen von 670 Milliarden €, hätte aufgrund der Vorgaben zwar nur ein Wachstum von 1%, dafür wären aber keine Rettungsmaßnahmen seitens des Staates notwendig gewesen, kein europäischer Rettungsschirm, keine Abschreibungen von faulen Papieren. Rücklagen und Eigenkapital – wie vorgesehen- würden eine hohe Bonität schaffen, ganz im Gegensatz zu Privatanlagen herkömmlicher Kapitalträger. Wie würden Sie als Betroffener reagieren, wenn ihre vormals angehäuften hohen Gewinne im Nu zerplatzten, ihr Nachbar aber eine sichere Zusatzrente über den Staatsfonds garantiert bekäme? Das Beispiel mag sehr plakativ aussehen, die konkreten Folgen für Sparer entsprechen leider diesem Bild. In der Tat hat auch der norwegische Staatsfonds während der Finanzkrise große Verluste gerlitten, aber nicht angehäuft und er stand nicht vor dem Konkurs wie Banken, Versicherungsgesellschaften und Fonds. Ein deutscher Staatsfonds hätte eine Mittelfunktion zwischen norwegischem Ethikvorbild und japanischer Direktive, orientiert an Kriterien einer sozial und antizipatorisch ausgerichteten Politik. Der Anleger auf dem ,normalen' Kapitalmarkt unterzieht sich diversen Risiken. Einmal bezahlt er z.T. hohe Fondsgebühren von 3-5%, dazu ist er abhängig von der Beratung des Anlageinstituts, Verluste und Gewinne gestalten sich meist sehr volatil, niedrige Zinsen verführen zu spekulativen Anlagen, von denen der Normalbürger in der Regel keine Ahnung hat. [183] Ein Staatsfonds unterstützt zudem sinnvolle Investitionen für die Zukunft, er kann – was in Deutschland weitgehend fehlt- Risikokapital bereitstellen, wenn start-up Unternehmen den Kriterien und Prämissen der Fondsvorgaben entsprechen. So können sich kleine Unternehmen in

---

[183] 40 Prozent der Deutschen parken ihr Geld immer noch am liebsten auf Tagesgeldkonten oder Sparbüchern. Nach Berechnungen von Ifo-Chef Hans-Werner Sinn haben sie damit seit Ausbruch der Finanzkrise bereits Zinsverluste von 300 Milliarden Euro erlitten. Deutschlands Sparer verlieren also real Geld. Deshalb: Investieren Sie direkt in Aktien! http://www.boerse.de/top-news/Deutsche-Sparer-Zinsverluste-von-300-Milliarden-Euro-/7523660 [Zugriff 10.05.2015]

der medizinischen Forschung über externe Kapitalquellen frei-
schwimmen, die Unterstützung durch den Staatsfonds kann als
Bonität für joint - ventures mit großen Unternehmen gewertet
werden. Neben dem ökonomischen Wirken erfüllt ein sinnvoll
instrumentierter Staatsfonds den Zweck der Wertetransparenz,
vor allem jedoch den Zweck des Kapitaltransfers in realwirtschaftlich sinnvolle Anlageprojekte, und er federt notfalls im
Kapitalvolumen Krisen ab.

## VIII Fazit

Erinnern Sie sich an die Prognose von den drei ökonomischen
Erdbeben? Konkret waren sie die „Folgen der Finanzkrise", die
„Folgen des technischen Fortschritts" und der „demographische
Wandel". Ursachen und Auswirkungen zeigen sich in der Kluft
zwischen Finanzkapital und realer Wirtschaft, der Finanzierung
von konsumorientierten Dienstleistungen und damit einherge-
hend der Finanzierung der sozialen Sicherungssysteme. Von der
Überwindung der Schwierigkeiten hängt die Stabilität unserer
Gesellschaft ab. Als oberster  Grad der Stabilität gilt der Erhalt
eines hohen Lebensstandards, worunter nicht unbegrenzte mate-
rielle Wohlfahrtsmehrung verstanden wird, sondern vielmehr
ein bezahlbarer Sockel aus sozialer Sicherheit, Frieden, Freiheit,
Freizügigkeit und Partizipation, natürlich auch materieller
Wohlstand und eine positive Zukunftsperspektive. Von dem
Gelingen hängt auch ab, ob die hoch entwickelten Dienstleistungsgesellschaften es schaffen, alternative Wege gehen zu können wie scheinbar erfolgreichere autoritäre Staaten wie China.
Das Modell des Wohlfahrtsmerkantilismus beinhaltet keine au-
toritative Wirtschaftspolitik, aber eine Richtungsweisung! Eine
moderne Gesellschaft darf nicht eine Politik betreiben, die ledig-

lich die Wirrnis von Märkten und äußeren Ereignissen reflektiert. Im demokratischen Konsens, und das heißt in Zukunft über Parteientscheidungen hinaus, müssen klare Zielvorstellungen erarbeitet und durch Anreize für die Teilnehmer in einer Marktwirtschaft  umgesetzt werden. Freiheit und Sozialstaatlichkeit garantieren die Stabilität einer Gesellschaft, die Alternative heißt permanentes Krisenmanagement. Ein solches lässt sich an der sogenannten Eurokrise beobachten, wo von Gipfel zu Gipfel bis zur völligen Orientierungslosigkeit gemanagt wird, Ende offen! Da die Märkte europäisiert oder globalisiert sind, stellt sich die Herausforderung nach der Qualität internationaler Zusammenarbeit. Anders als TTIP kann diese Zusammenarbeit Kooperationen nach sozialverträglichen  Kriterien beinhalten. Handel geht viele Wege und betrifft die Güter und Dienstleistungen aller möglichen Länder der Welt, aber müssen wirklich alle Güter mit allen Ländern in der bestehenden Weise getauscht werden? Besonders schwere Missstände wie bei der Herstellung von Gütern, die mit Hilfe von Kinderarbeit hergestellt werden, werden angeprangert und „nachhaltig" verändert.[184] Der norwegische Staatsfonds bietet einen Anhaltspunkt für eine sinnvolle zukünftige Vorgehensweise. Als Anker dient ein Werte-Rahmen, basierend auf einer Bestandsaufnahme des status quo (siehe Anthropozän), weiter eine Bestimmung der zukünftigen Ziele sowie eine Erfassung der Folgekosten als Wertungsmaßstab für Anreiz-Systeme. Japan hat in den 50er Jahren mit einer Mixtur aus Lenkung und privatwirtschaftlicher Umsetzung von Zielvorstellungen den Sprung zu materiellem Wohlstand geschafft, warum soll ein ähnliches Erfolgsrezept nicht für den

---

[184] Siehe u.a.: APuZ 43/201 vom , 22.Oktober 2012, Kinderarbeit

Ausbau einer sozialen Gesellschaft möglich sein? Mit der Errichtung eines deutschen, dem möglicher Weise ein europäischer Staatsfonds folgen kann, können richtige Weichen gestellt werden. Hier werden machbare Wege vorgestellt, die politisch umgesetzt werden können. Neue Wege werden immer wieder beschritten, oftmals gegen heftigen Widerstand von Interessengruppen und gegen den mainstream. So gingen der Gründung der Deutschen Reichsbank im Januar 1876 heftige Debatten im Parlament des neu gegründeten Deutschen Reiches voraus. Noch im November 1874 wurde ein Gesetzesentwurf für ein Bankgesetz vorgelegt, worin von einer Reichsbank keine Rede war.[185] Auf Initiative des liberalen Abgeordneten Bamberger erfolgte eine institutionelle Neuerung. Bamberger argumentierte, „eine Zentralbank könne durch einen wohldosierten Einsatz ihres wichtigsten Werkzeugs - des Ankaufs von Banknoten aus den Beständen privater Banken - die Kreditkonditionen steuern (!)* und auf diese Weise spekulativen Auswüchsen einen Riegel vorschieben."[186] Die weitere Entwicklung von Zentralbanken mit ihrer zunehmenden Wertigkeit dokumentiert der historische Verlauf. Die kaiserliche Botschaft an den Reichstag vom 17.November 1881 stellt eine weitere Zäsur dar. In seiner Thronrede verkündete Kaiser Wilhelm I die „Magna Charta der deutschen Sozialversicherung"[187]. Er sei überzeugt, „dass die Heilung der socialen Schäden nicht ausschließlich im Wege der Rep-

---

[185] Hierzu sowie zu dieser Thematik siehe: Fünfzig Jahre Deutsche Mark, Notenbank und Währung in Deutschland seit 1948, hrsg. von der Deutschen Bundesban, München 1998
[186] Ebenda, S. 35, *Bemerkung des Verfassers dieses Buches
[187] Begriff aus: http://www.zeit.de/1956/46/die-kaiserliche-botschaft-vom-17-novwmber-1881 (25.08.2015)

ression social-demokratischer Ausschreitungen, sondern gleichmäßig auf dem der positiven Förderung des Wohles der Arbeiter zu suchen sein werde." [188] Diese Ankündigung erwies sich als Geburtsstunde des deutschen Sozialversicherungssystems, denn unter dem Reichskanzler Bismarck verabschiedete der Reichstag 1883 das Krankenversicherungsgesetz, 1884 das Unfallversicherungsgesetz und 1889 das Invaliditäts- und Altersversicherungsgesetz. Es folgten 1927 die Arbeitslosenversicherung und 1995 die Pflegeversicherung, letztere erst nach kontroversen Diskussionen über den Finanzierungsanteil von Arbeitsnehmern, Arbeitgebern und dem Staat. - Man erinnere sich auf politischer Ebene um die Auseinandersetzung um die Ostpolitik der sozial-liberalen Koalition, die sogar in ein konstruktives Misstrauensvotum mündete, das der Bundeskanzler W. Brandt überraschend politisch überlebte. Wenige würden heute die Verdienste dieser Annäherungspolitik auf dem Weg zur Wiedervereinigung bestreiten. Es sind die Schlüsselentscheidungen, manchmal erst in Keimzellen gebarend, die neue Wege weisen und Entwicklungen forcieren, deren Tragweite am Anfang noch nicht absehbar erscheint. Vor wichtigen Entscheidungen stehen Denkansätze, Impulse und Modelle, insofern steht das Buch für eine politische (Heraus-) Forderung, und hoffentlich als ein Signal für eine neue Vision der Machbarkeit.

---

[188] Zitiert nach: Gabriele Metzler, Der Deutsche Sozialstaat, vom bismarckschen Erfolgsmodell zum Pflegefall, München2003, S.17

# Anhang

## I.   Schaubilder

 Schaubild 1 geht auf die Äußerung des japanischen Ökonomen Kiyohiko Nishimura ein, die im Kapitel II *Bestandsaufnahme der gegenwärtigen wirtschaftlichen Lage* zitiert wird. Das Schaubild verdeutlicht die Möglichkeit, durch Anreize spekulative Anlagen von den Finanzmärkten in sinnvolle ethisch fundierte Anlagen des Staatsfonds umzulenken und den Zukunftsherausforderungen wie der demographischen Entwicklung konzeptionell Rechnung zu tragen. Ausgangslage ist ein hoher Lebensstandard, den zu erhalten immer schwieriger wird. Eine Gesellschaft muss zum Ausbau des Sozialstaats und damit zur Stabilitätswahrung direktiv vorgehen, wobei Aufbau, Struktur und Anreiz-System des vorgeschlagenen Staatsfonds die demokratischste Variante darstellt

Schaubild 2A verweist auf das weltweite Ungleichgewicht zwischen Anlageformen in der Realwirtschaft und solchen in spekulativen Finanzprodukten. Die Zahlen dieser Asymmetrie belegen aber auch das Potential für realwirtschaftlich sinnvolle Investitionen. Ein Bruchteil eines Umlenkungserfolgs würde Krisen mindern und Wohlfahrt steigern.

Schaubild 2B konkretisiert diesen Umlenkungseffekt am Beispiel eines fiktiven Modells. Private Ersparnisse von durchschnittlich Vermögenden könnten bei einer Anlage im deutschen Staatsfonds eine fiktive Renditegarantie von 2,5 erzielen, was angesichts der langfristig erzielten Renditen des norwegischen Fonds im Schnitt niedrig wäre. Ab einem zu bestimmenden überdurchschnittlichen Vermögen könnte es  durch steuerliche Anreize auch für  große Vermögen reizvoll sein, in Staatsfonds anzulegen. Renditen über 2,5% würden als Rücklagensicherung reserviert, ein Teil würde reinvestiert, z.B. als Risikokapital für innovativ viel versprechende start-up - Unternehmen oder für Forschung nicht lukrativer Medikamente selten auftretender Krankheiten. Eine Restmarge würde ausgeschüttet und die Rendite erhöhen. Niedrigere Renditen würden kurz – bis mittelfristig durch Rücklagen aufgefangen.

Schaubild 3 erklärt die Funktionsweise des Staatsfonds und damit die Absicht von Wohlfahrtsmerkantilismus. Im Zentrum steht die gesellschaftliche Zielsetzung, die ökonomisch umgesetzt werden soll. Gesellschaftliche Gruppen ohne Parteiendominanz bestimmen die Zukunftsprioritäten. Gleichzeitig beraten sie den unabhängigen Ethikrat, der auf der Basis der Prioritätenliste Investitionen und Anlagen aussucht, externe Kosten mit Hilfe eines Wirtschaftsinstituts erfasst und Normen und Anreiz-Systeme ausarbeitet, die Vorgaben für weitere Zukunftsentscheidungen bilden. Der Staatsfonds erfasst durch Kauf und Investitionsentscheidungen die ideellen Vorgaben, materialisiert und monetarisiert demnach die gesellschaftlichen Interessen. Die Erlöse fließen den Anlegern des Staatsfonds zu, wobei die Anlagemodelle – und Anreiz-Systeme gerade unteren und mittleren Schichten zugute kommen sollen.

## Ökonomische Erdbeben der Zukunft

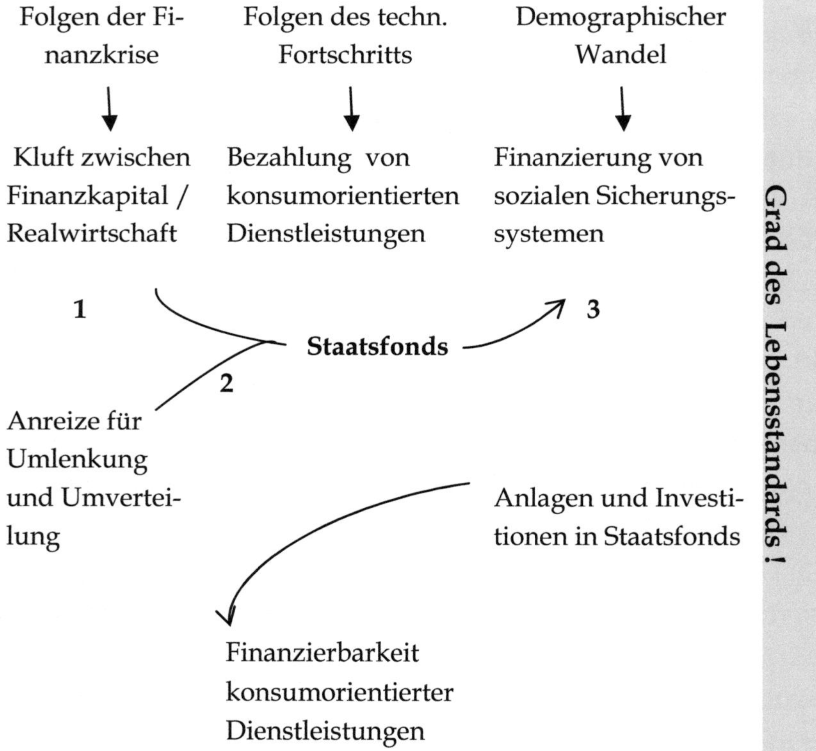

# Schaubild 2 A „Finanzmärkte vs. Staatsfonds"

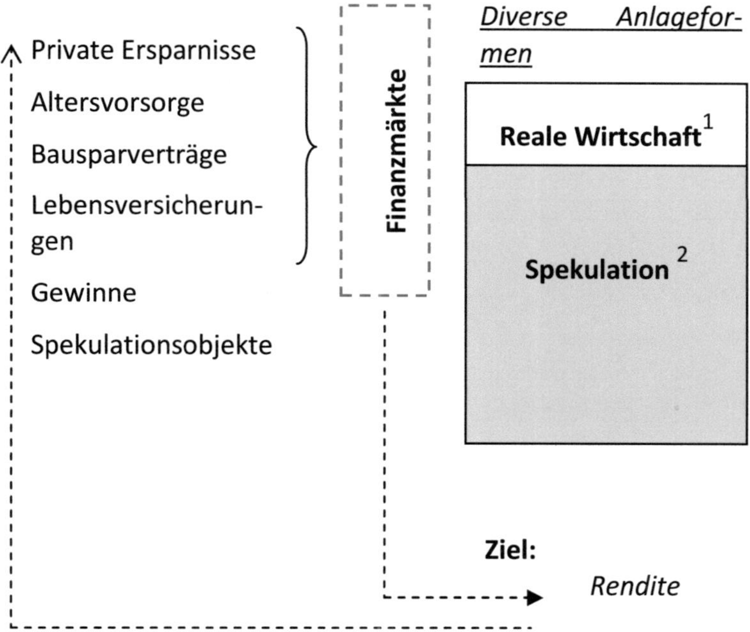


1 Weltweites BIP (world gdp) **71,707 Billionen US $**
Quelle:
http://www.rickplatt.com/2014_01_01_archive.html
2 weltweit gehandelte Derivate  **638,928 Billionen US-$**
 / Stand Juni 2012:
Quelle:   http://www.bis.org/statistics/otcder/dt1920a.pdf
(25.08.2015)

## Schaubild 2 B – Deutscher Staatsfonds

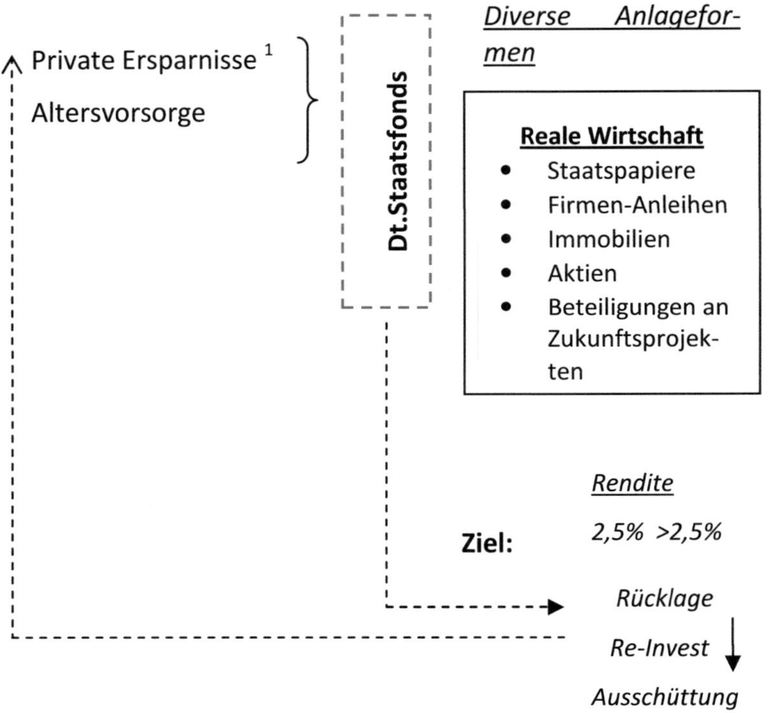


Insgesamt verfügten die privaten Haushalte in Deutschland 2007 über ein Netto-Geld- und Sachvermögen von gut **sechs Billionen Euro**. Rechnerisch entspricht das rund **88.000 Euro pro Erwachsenem**. Im Gegensatz zum Durchschnittsvermögen liegt jedoch der **Median** des Nettovermögens bei nur etwa **15.000 Euro**. Der Median ist der Wert, der die reichere Hälfte der Bevölkerung von der ärmeren trennt.

Quelle:
http://www.diw.de/de/diw_02.c.242691.de/pressemitteilungen_soep_2009.html#346335 (25.08.2015)

# Wohlfahrtsmerkantilismus

*Neo-korporatistische marktkonforme*

*Lenkungsmechanismen*

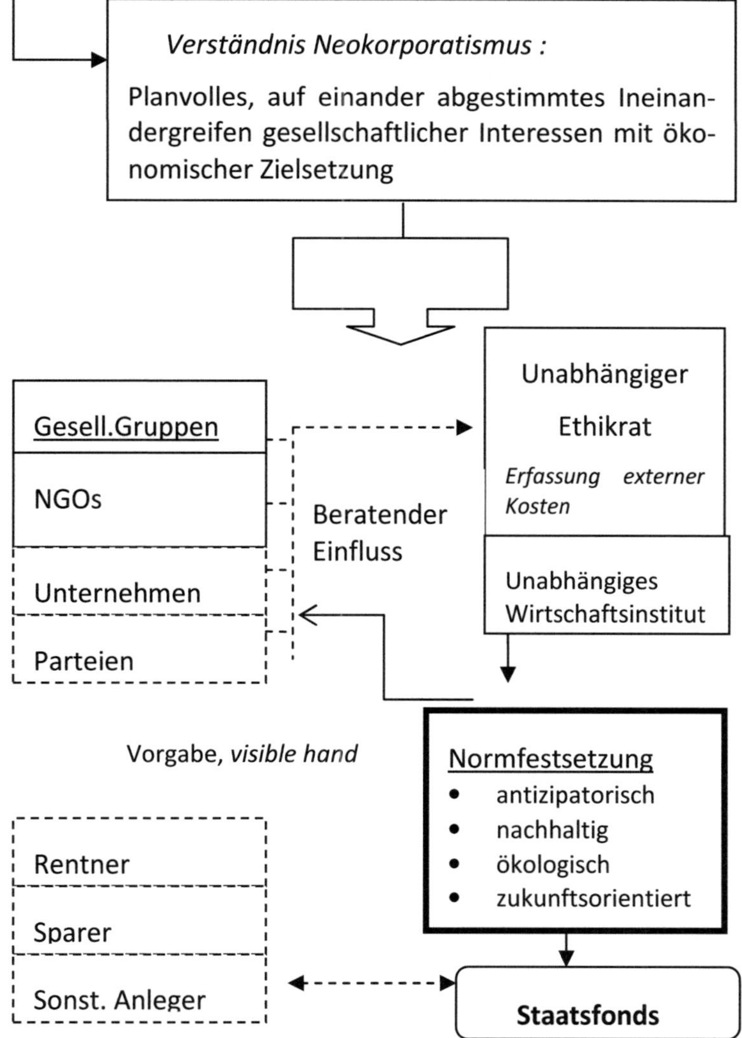

**Beispielrechnungen**

<u>Beispiele für Anlagen im Staatsfonds[189]</u>:

1.  Beispiel 1: Lebenszyklus Sparplan

Anders als beim Norwegenfonds würde ein deutscher Staatsfonds die Einnahmen nicht aus Gewinnen durch Steuereinnahmen über den Verkauf von Rohstoffen erzielen, sondern direkt als Anlagemöglichkeit von Teilnehmern der Kapitalmärkte. Als besondere Zielgruppe dient der ‚normale' Anleger, dem Sicherheit und attraktive Anlagemodelle mehr bedeuten als Spekulationsanlagen mit unsicherer, aber potentiell höherer Rendite. Der Staatsfonds könnte durch seine Bonität, seine Angebote und durch seine ethischen Grundsätze ein grundsätzlich kundenfreundlicheres Modell als private Banken und Versicherungsgesellschaften anbieten. Beispiel 1 veranschaulicht auf der Basis konkreter Zahlen, als Modell jedoch fiktiv konstruiert, ein mögliches Beispiel. Der Lebenszyklus eines Durchschnittsbürgers oder einer Durchschnittsbürgerin umfasst grob vier Phasen: Kindheit und Jugend- Ausbildung-Arbeit-Rente. Diesem Verlauf könnte ein Konstrukt des Staatsfonds entsprechen, das für die erste Phase einen Ansparplan vorsieht, der konservativ kalkuliert eine Rendite von 1 Prozent über der jährlich ermittelten Inflationsrate erzielt. In Phase zwei dient das angesparte Geld

---

[189] Errechnet mit Hilfe von http://www.zinsen-berechnen.de/sparrechner.php (25.08.2015)

zur Unterstützung der Ausbildung, egal ob Lehre oder Studium. Phase drei spart dynamisch in verschiedene Sparten des Staatsfonds ein und erzielt die Basis für das Rentenalter.

**Schema:**

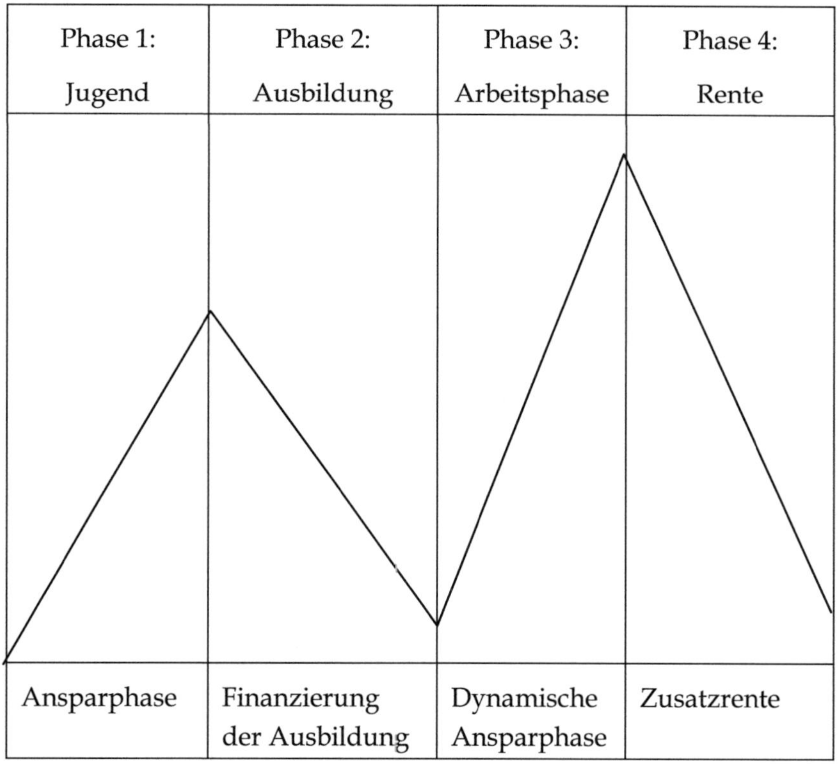

| Phase 1: | Phase 2: | Phase 3: | Phase 4: |
|---|---|---|---|
| Jugend | Ausbildung | Arbeitsphase | Rente |
| Ansparphase | Finanzierung der Ausbildung | Dynamische Ansparphase | Zusatzrente |

Die fiktive Modellrechnung geht auf der Basis der Inflationszahlen der Jahre 1995 bis 2014 von einer zwanzigjährigen Ansparphase aus. Eingezahlt werden monatlich 100 €, durch steuerliche Begünstigungen von Geringverdienern oder durch sonstige Prämienanreize könnte die Belastung des Sparers auf 80 € reduziert werden. Variationen und Spielräume obliegen der Kreativität der Verantwortlichen des Staatsfonds. Die Rendite beläuft sich auf 1%> Inflation, höhere erzielte Renditen fließen in Bearbeitungsaufwand und Rücklagen, die als Treuerabatt kumuliert werden können.

Phase 1:

| Jahr | Inflation Prozent | Ausschüttung : Inflation +1% | monatliche Sparrate: 100 € |
|---|---|---|---|
| 1995 | 1,8 | 2,8 | 1.218,20 € |
| 1996 | 1,4 | 2,4 | 2.463,04 € |
| 1997 | 2,0 | 3,0 | 3.756,43 € |
| 1998 | 1,0 | 2,0 | 5.088,62 € |
| 1999 | 0,6 | 1,6 | 6.380,44 € |
| 2000 | 1,4 | 2,4 | 7.749,17 € |
| 2001 | 2,0 | 3,0 | 9.201,15 € |
| 2002 | 1,4 | 2,4 | 10.637,58 € |
| 2003 | 1,1 | 2,1 | 12.074,62 € |
| 2004 | 1,6 | 2,6 | 13.605,46 € |
| 2005 | 1,6 | 2,6 | 15.176,10 € |
| 2006 | 1,5 | 2,5 | 16.771,75 € |
| 2007 | 2,3 | 3,3 | 18.546,67 € |
| 2008 | 2,6 | 3,6 | 20.437,75 € |
| 2009 | 0,3 | 1,3 | 21.911,89 € |
| 2010 | 1,1 | 2,1 | 23.585,69 € |

| 2011 | 2,1 | 3,1 | 25.537,00 € |
| 2012 | 2,0 | 3,0 | 27.522,61 € |
| 2013 | 1,5 | 2,5 | 29.426,93 € |
| 2014 | 1,4 | 2,4 | 31.348,78 € |

**Endkapital :**     **31.348,78 €**

**Einzahlungen:**     **24.000,00 €**

**Zins/Zinseszins**     **7.348,38 €**

Phase 2:

Zweifelsfrei die härteste Phase im durchschnittlichen Lebensverlauf. Ausbildung bzw. Studium, vorab die richtige Berufswahl und die erste Eigenständigkeit verlangen nicht nur finanzielle Opfer. In unserem Beispiel zapfen wir deshalb das Ersparte an, ohne den Vertrag zu kündigen. Wir gehen von einer fünfjährigen Ausbildungszeit aus, heben monatlich 500 € vom Sparplan ab, zahlen nichts mehr ein, denn wir benötigen jeden Cent, bekommen für den Restbetrag auch nur eine Rendite von 1% pro Jahr, haben aber nach Abschluss der Ausbildungszeit oder des Studiums noch **2180,00 €** als Guthaben. Dieses Guthaben dient als Basis für ein langes start-up Ansparen in Phase 3.

Phasen 3 und 4:

Wir sind jetzt 25 Jahre alt und beginnen mit dem Beruf. Am Anfang verdient man natürlich nicht so gut und zahlt wieder nur 100 € ein. Der Sparplan wird jedoch verändert. Durch mögliche Gehaltserhöhungen oder berufliche Verbesserungen kann der Sparplan dynamisiert werden, d.h. wir erhöhen die Einsparsumme jährlich um bescheidene 1 Prozent. Außerdem gestatten wir in den ersten 10 Jahren eine risikoreichere, das heißt aber nicht spekulative Verwendung. Wir können sogar selbst bestimmen, ob der Staatsfonds unseren Anteil in Energieprojekte, in Projekte in Entwicklungsländern oder in verheißungsvolle start-up – Unternehmen investiert. Die Ethik-Kriterien bleiben erhalten. Gehen wir von einem durchschnittlichen Zinssatz von 2,5 Prozent aus, so erhalten wir alles in allem 17.017,66 €. Aber die Phase 3 endet nicht mit 35 Jahren, sondern geht bis zum 65. Lebensjahr. Bleiben wir bei diesem Modell, dynamische Steigerung um 1 Prozentpunkt, aber konservativere Anlage mit erwarteter Rendite von 2 Prozent, dann erhalten wir zum 65. Lebensjahr 92.311,80 €. Mit dieser Summe könnten wir bis zum 90. Lebensjahr eine zusätzliche Rente von über 310 € erhalten. Sie haben in all den Jahren nie mehr als 150 € eingezahlt, wahrscheinlich staatliche Begünstigungen erhalten, bessere Konditionen als bei Privatbanken erhalten, weil die Gebühren durch realistisch anzunehmende höhere Renditen verrechnet worden sind, sie haben Sicherheit und die Gewissheit, dass nach ethischen Kriterien in zukunftsträchtige Projekte investiert worden ist. Sie erhalten zudem Transparenz über Veröffentlichungen durch den Staatsfonds und sie haben die Möglichkeit, ihren Anlageschwerpunkt selbst zu wählen. Viele Variationen sind möglich, kreative Modelle, Ausbildungsvarianten, Familienförderung, Verwendungszwecke für Eigentum oder Beteiligungen an Altenheimen zwecks Selbstnutzung usw. Beispiel 1 soll nur eine von sehr vielen Möglichkeiten exemplarisch aufzeigen. Wichtig bleiben für den Staatsfonds der sinnvolle Verwendungszweck, die Sicherheit für den Verbraucher, die Transparenz und eine Risiko vermeidende Gewinnorientierung.

2.  Beispiel 2 : vereinfachter Sparplan mit einer Rendite wie der Norwegenfonds

Spielen wir weiter mit den Anlagemöglichkeiten des Staatsfonds. Der Norwegenfonds erzielte bekanntlich eine durchschnittliche Rendite von 3,4 %, trotz Finanzkrise, bei der er aber ebenso wie alle Fonds heftige Verluste erleiden musste. Zahlen wir also wieder 100 € bis zum 20. Lebensjahr ein, so erhalten wir 34.207,65 €, bei einem Steuersatz (Kapitalertragssteuer) von 26,357 % und einem Freibetrag von 801 € verbleiben immerhin noch 33.992,23 €. Bei einer Ausbildungszeit von 5 Jahren und einem monatlichen Abzug von 500 € verbleiben ohne Berücksichtigung der Zinserträge der verbleibenden Summe 3.992,23 €. Nehmen wir diese Summe als Anfangskapital für die Sparphase 3 bis zum 65. Lebensjahr und dynamisieren die Einzahlung um 1 Prozent, so verbleiben als Rentner incl. Steuerabzug 119.386,00 €. Gewährt der Staat eine Steuervergünstigung auf 12 Prozent, so ergäbe dies eine Endsumme von 126.714,10 €.

Es gibt viele Spielarten, die Sie über die angegebene Quelle selber ausprobieren können. Doch nicht nur das, eine clevere und moralisch integere Politik besäße ein Instrument, gewünschte Wirtschaftentscheidungen finanzierbar umzusetzen, Innovationen zu fördern und gleichzeitig den Dienstleistungswünschen der Bevölkerung gerecht zu werden. Die Kapitalmärkte würden umgelenkt, denn ein kapitalträchtiger Staatsfonds mit ethischen Kriterien hätte Macht und Einfluss! Das Kapital des Staatsfonds gibt den Anlegern Sicherheit, aber auch dem Staat! Verführungen des Missbrauchs werden durch die entpolitisierte Struktur gemindert. Ein politisches Umdenken wird machbar, es ist der politische Prozess aller, der das Machbare auch zum Durchsetzbaren ermöglicht!